Matthias Blazek

Polacy w Westfalii – Polen in Westfalen

Polnische Migration ins Ruhrgebiet zur Zeit des Deutschen Kaiserreichs

„Es ist wohl sicher kein Zufall, daß Westpreußen
und die anderen agrarischen Ostprovinzen
die größte Sterblichkeit in ganz Preußen haben."

Die Lage der Landarbeiter in Westpreußen.
Wilhelm Grumach, 1909.

Matthias Blazek

POLACY W WESTFALII – POLEN IN WESTFALEN

Polnische Migration ins Ruhrgebiet zur Zeit des Deutschen Kaiserreichs

ibidem Verlag

Bibliografische Information der Deutschen Nationalbibliothek
Die Deutsche Nationalbibliothek verzeichnet diese Publikation in der Deutschen Nationalbibliografie; detaillierte bibliografische Daten sind im Internet über http://dnb.d-nb.de abrufbar.

Bibliographic information published by the Deutsche Nationalbibliothek
Die Deutsche Nationalbibliothek lists this publication in the Deutsche Nationalbibliografie; detailed bibliographic data are available in the Internet at http://dnb.d-nb.de.

Umschlaggestaltung: Josefine Berndt

Bildbearbeitung und Satz: Matthias Blazek

Lektorat: Christian Plien, Hannover, Lehrbeauftragter, Workshopleiter und 1. Vorsitzender des Fachverbands Deutsch im Deutschen Germanistenverband

Abbildungen auf dem Umschlag: Boże chroń górnictwo. Z Bogiem (Gott segne den Bergbau! Mit Gott). Ölgemälde (anonym), Druck: Wiarus Polski, Bochum, 1917. Zu sehen sind das international gebräuchliche Symbol für den Bergbau (Schlägel und Eisen), die Heilige Barbara, Schutzpatronin der Bergleute, Bergleute in Uniform und bei der Arbeit und die Farbzeichnung einer Zeche. Abmessungen: 388 mm x 507 mm. Muzeum Miejskie w Zabrzu (Städtisches Museum in Hindenburg). Foto: Mariusz Urbanek/Abdruck mit freundlicher Genehmigung. Gelsenkirchen, Hochöfen um 1905; Bergwerks-Gesellschaft Dahlbusch bei Gelsenkirchen, Gründeraktie vom 1. April 1873; Bergmann, aus: Hermann Kätelhön, Dem deutschen Bergmann, 1939. Digitale Sammlung Blazek (3).

ISBN-13: 978-3-8382-1597-6

Printed in the EU

Geleitwort

Wo komme ich her, wer sind meine Vorfahren? Diese Fragen habe ich mir bereits häufiger gestellt bzw. habe sie gestellt bekommen. Der Name Blazek lässt für viele den Ursprung im heutigen Polen vermuten. So weit, so gut. Allerdings gibt es weiter offene Fragen nach dem „Wie“ und dem „Warum“.

Als Kind hatte ich das Glück, sowohl meine beiden Großmütter als auch Großväter kennenlernen zu dürfen. Somit bekam ich aus Erzählungen gelegentlich mit, wie es „früher“ war und wie sich einzelne Stränge meines Stammbaumes bildeten. Die Geschichte der Blazeks (also meiner Familie väterlicherseits) reicht auf dem Boden der heutigen Bundesrepublik Deutschland bis in die Zeit der Industrialisierung im deutschen Kaiserreich zurück. An dieser Stelle wird es interessant, da es sich gezeigt hat, dass es sich eben nicht um ein Einzelschicksal der Familie Blazek handelt. Vielmehr handelt es sich um eine Vielzahl von Menschen, welche aus den preußischen Ostgebieten in das heutige Ruhrgebiet migrierten, die sog. Ruhrpolen. Durch die Ahnenforschung meines Vaters wird in der vorliegenden Lektüre ein interessantes Kapitel deutscher Einwanderungsgeschichte offengelegt.

Darüber hinaus bezieht sich mein Zwischenname Joseph auf meinen Ur-Ur-Großvater Josef Blazek, Sohn von Johann Błach, welcher 1895 in das Industriegebiet an Rhein und Ruhr migrierte. Somit habe ich eine weitere Verbundenheit mit dem Erbe meiner Vorfahren.

Das vorliegende Buch beschäftigt sich tiefer mit der Geschichte meiner Familie, als es Erzählungen von früher je hätten erreichen können. Interessant sind auch die politische Situation im Kaiserreich und die damit verbundenen Wahlen zum ersten Reichstag 1871. In der Zeit der fortschreitenden Industrialisierung formierte sich allmählich die Arbeiterschaft und versuchte im Zusammenschluss von Gewerkschaften politischen Einfluss zu erlangen bzw. zumindest die eigene Situation als Arbeiter*in zu verbessern. Wie haben sich die Ruhrpolen organisiert und welchen Einfluss hatten sie? Beteiligten sie sich an Streiks? Hierzu gibt es eine Vielzahl von interessanten Dokumenten, welche in der Lektüre aufbereitet sind.

Somit bleibt mir nichts weiter zu sagen, außer dass ich den Leser*innen viel Freude beim Lesen dieser Lektüre wünsche.

Marvin Blazek, Bachelor of Science (B.Sc.)
Köln, im Februar 2021

Vorwort

Nach dem deutsch-französischen Krieg (1871) erfolgte die erste Anwerbung von so genannten „Ruhrpolen“ (Westfalczycy) – Bergarbeitern aus Oberschlesien, polnischsprachigen Landarbeitern aus Ost- und Westpreußen und Posen. Die gesamte Zuwanderung in das entstehende Ruhrgebiet belief sich 1871 auf rund 100.000 Menschen.

Aufgrund des stark steigenden Bedarfs an Arbeitskräften wanderten viele Menschen ins Ruhrgebiet. Die Rede ist von Hunderttausenden Menschen aus Preußisch-Polen, die nach 1871 ins Ruhrgebiet kamen. Hier bewahrten sie ihre Sprache und Kultur.

Im Ruhrgebiet besteht die weit verbreitete Ansicht, dass es sich bei den Zuwanderern im Industrialisierungsprozess vornehmlich um „Polen“ gehandelt habe. Namen, die auf „-ski“ enden, weisen angeblich auf diese polnische Herkunft vieler Menschen im Ruhrgebiet hin. In der Tat sind die Endungen -ski und -orocki, -cki und -dzki bekannte Merkmale des polnischen Nachnamens, sie sind adjektivische Ableitungen so genannter Herkunftsnamen, das heißt, sie geben einen Hinweis auf eine Ortschaft, eine Sippe, einen Stand oder eine historische Besonderheit. Namen mit der Endung -ski oder -cki sind in der Regel einfache polnische Herkunftsnamen, wie es sie sehr häufig gibt.

Neben Menschen aus dem unmittelbaren ländlichen Umfeld zogen im Zuge der Ost-West-Wanderung auch Menschen aus ferner gelegenen Regionen zu, um in der Industrie zu arbeiten.

Die polnischen Erwerbsauswanderer im Ruhrgebiet kamen im Schwerpunkt aus den ehemaligen deutschen Ostgebieten, wo sie Tür an Tür mit deutschsprachigen Menschen zusammengelebt hatten. Die polnische Bank „Bank Robotników e. G.m.b.H.“ erhielt ihren Platz im Haus Am Kortländer 2 in Bochum.

Die Bergpolizeiverordnung vom 25. Januar 1899, betreffend die Beschäftigung fremdsprachiger Arbeiter beim Bergwerksbetriebe, schrieb aus Sicherheitsgründen bei allen fremdsprachigen Arbeitern hinreichende Deutschkenntnisse vor. „Die existentielle Diskriminierung begann“, schreibt Bruno Gebhardt im „Handbuch der deutschen Geschichte – Das Kaiserreich 1871–1914“.

„Die Novelle des Ansiedlungsgesetzes von 1904 machte es für Ruhrpolen, die an eine Rückkehr in den Osten dachten, schwieriger, mit ihren Ersparnissen dort Land zu erwerben. Und schließlich kam 1908 das für das ganze Reich gültige Vereinsgesetz mit seinen Sprachvorschriften. Die Reaktion der Polen an der Ruhr oder in Wilhelmsburg war vorhersehbar: Sie widersetzten sich diesen Auswirkungen der Germanisierungspolitik auf ihre eigene Lebenswelt.“

Dass man letztlich eher kleine Themenfelder des Gesamtkomplexes der Ruhrpolen beleuchten kann, ist nachvollziehbar. Hans-Ulrich Wehler (1931–2014), einer der einflussreichsten deutschen Historiker der zweiten Hälfte des 20. Jahrhunderts, hat 1961 einleitend zu seiner Studie über die Polen im Ruhrgebiet bis 1918 geschrieben: „Der folgende Aufsatz bemüht sich, den derzeitigen Forschungsstand dieses sozialgeschichtlich interessanten und aufschlußreichen Problems zu bestimmen. Er weist daher eher auf Grenzen und ungelöste Aufgabe hin, als daß er abgerundete Ergebnisse anbieten kann. Außerdem werden hier nur einige Fragen eingehender aufgegriffen, während andere (…) ausgeklammert werden. Alle zukünftigen Untersuchungen über die Polen in Westdeutschland werden auf der Auswertung archivalischer Quellen in den Staatsarchiven Münster und Düsseldorf basieren müssen, weshalb hier ein Hinweis auf die wichtigsten Bestände angeschlossen sei."

Die nun vorliegende Arbeit liefert erstmals detaillierte Darstellungen z.B. über die Arbeit der von den Bergwerksgesellschaften ausgesandten „Werber" oder Agenten, die Praxis der Namensänderungen, die Gründung des Fußballvereins „Westfalia Schalke", aus dem 1924 der Fußball-Club Schalke 04 („Die Knappen") hervorging, und eine spektakuläre Vierfachhinrichtung 1898 in Duisburg.

Die Darstellungen werden anhand zahlreicher, bisweilen unbekannter oder nicht berücksichtigter Originaldokumente, u.a. aus der Rhein- und Ruhrzeitung, Wiarus Polski, der Bergwanderer und Gazeta Robotnicza („Arbeiterzeitung"), bereichert. Wertvoll mag für den Leser zudem die eingebettete und inhaltlich vertiefte Totenliste im KZ umgebrachter polnischer Aktivisten in den Jahren 1939–1945, die „Lista apelu poległych, 20.I.1946 w Domu Czeladzi w Herne", sein.

Erstmals fließen im Folgenden bei der Betrachtung der Ost-West-Binnenwanderung durch den Beitrag „Die Lage der Landarbeiter in Westpreußen" von Dr. Wilhelm Grumach aus dem Jahr 1909 Informationen über das Leben der Migranten vor ihrer Ankunft im rheinisch-westfälischen Industriegebiet ein.

Der Verfasser knüpft mit seiner Studie an eigene wissenschaftliche Arbeiten über Westpreußen und die Ost-West-Binnenwanderung im deutschen Kaiserreich an. Für Genealogen eröffnet sich hier eine Fundgrube, weil zahlreiche Sterbefälle aus zugewanderten Bergarbeiter-Familien in Gelsenkirchen um 1895 dargestellt sind.

Matthias Blazek

Abkürzungsverzeichnis

a. a. O.	am angegebenen Ort
Aufl.	Auflage
Bd.	Band
bearb.	bearbeitet
ca.	circa, zirka
d.	der, den
d. h.	das heißt
ders.	Derselbe
Diss.	Dissertation
ff.	folgende
Hrsg.	Herausgeber
hrsg.	herausgegeben
Jahrg.	Jahrgang
S.	Seite
u.a.	unter anderem
vgl.	Vergleiche
Zit. n.	Zitiert nach
z. B.	zum Beispiel

Gliederung

Industrielandschaft im Ruhrgebiet (Maße: ca. 21 x 29,3 cm), undatiert.
Digitale Sammlung Blazek

Zeche Bonifacius um 1926. Facebookseite Tradition Ruhrpott.
Digitale Sammlung Blazek

Einleitung

Zwischen der deutschen Reichsgründung und dem Ersten Weltkrieg (1914–1918) migrierten weit über eine halbe Million Menschen aus den preußischen Ostgebieten in das Industrierevier an Rhein und Ruhr. Die später mit dem Begriff „Ruhrpolen“ bezeichneten, polnische Dialekte sprechenden Menschen nahmen im Westen Deutschlands Tätigkeiten in der Industrie auf und organisierten sich in der Anfangsphase landsmannschaftlich. Die meisten Ruhrpolen haben Deutschland aus guten Gründen wieder verlassen. Im Zuge der politischen Umwälzungen, an deren Ende die Wiedererrichtung eines polnisches Staates nach Ende des Ersten Weltkrieges stand, kehrte etwa ein Viertel der Ruhrpolen in die polnisch gewordene Heimat zurück und ein weiteres Viertel wanderte in französische, belgische und niederländische Industriereviere weiter.[1]

Hochindustrialisierung in Deutschland: Das „Eisenwalzwerk (Moderne Cyklopen)“ ist ein realistisches Ölgemälde des aus Breslau gebürtigen Realisten Adolph Menzel (1815–1905) aus den Jahren 1872 bis 1875. Es ist eins seiner Hauptwerke aus einer Zeit, als der Maler sich hauptsächlich mit Gegenwartsthemen und der sozialen Frage als Folge des ungehemmten technischen Fortschritts während der Industriellen Revolution beschäftigte. Das Bild gehört heute zur Sammlung der Berliner Alten Nationalgalerie. Public Domain/Google Art Project

Explosionsartiges Wachstum der Ruhrgebietsindustrie führt zu einem großen Bedarf an Arbeitskräften

Die Einwanderung aus Polen nach Westfalen und in das Ruhrgebiet hat eine lange Tradition. Mit der Industrialisierung begann in der zweiten Hälfte des 19. Jahrhunderts der Zustrom von Erwerbsmigranten in das bis dahin dünn besiedelte Ruhrgebiet. Zugleich kamen ab 1871 mehr als eine halbe Million Zuwanderer

[1] Zit. n. „Die Ruhrpolen“, https://www.porta-polonica.de/de/atlas-der-erinnerungsorte/die-ruhrpolen, 8. Dezember 2020.

aus Posen, Masuren und Schlesien in das noch so bezeichnete rheinisch-westfälische Industriegebiet. Sie wurden in der Regel von „Werbern“ der Zechen mit der Aussicht auf hohe Verdienste und komfortable Wohnungen ins Ruhrgebiet gelockt. In den 44 Jahren von 1870 bis 1914 sind mehr als zwei Millionen Menschen aus dem Osten in Richtung Westen gewandert.[2]

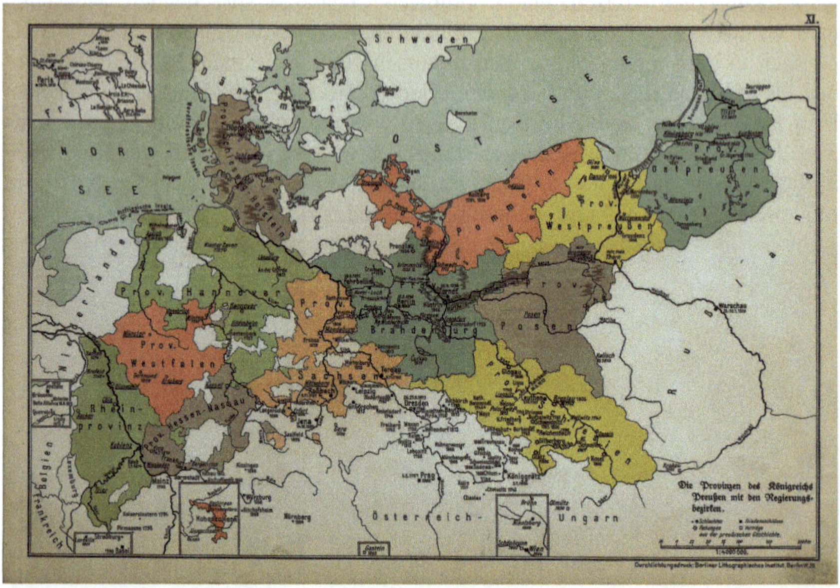

Ida Mück – Atlas zur territorialen Entwicklung Preußens mit geschichtlichen Erläuterungen und einer Abbildung des Königlich Preußischen großen Wappenschildes. Karte Nr. 11. Berlin: Gea Verlag, (o. J.) [1911] / Geheimes Staatsarchiv Preußischer Kulturbesitz zu Berlin. Wikipedia/gemeinfrei

Ost-West-Binnenwanderung

Die Ost-West-Binnenwanderung war eines der charakteristischen Phänomene des Übergangs von der Agrar- zur Industriegesellschaft in Deutschland am Ende des 19. Jahrhunderts. Das Ende des Landausbaues in den Ostprovinzen, die Änderung der ländlichen Arbeitsverfassung und die Mitte der 1860er Jahre einsetzende Agrarkrise lösten eine Ost-West-Binnenwanderung aus, bei der über zwei Millionen Menschen Ostdeutschland (Ost- und Westpreußen, Pommern, Schle-

[2] Bis zur Mitte des 19. Jahrhunderts besaßen die meisten Bergleute an der Ruhr ein einfaches Wohnhaus, einen so genannten Kotten, den sie mit ihren Familien bewirtschafteten. Die Wandlung vom privilegierten Bergmann zum Bergarbeiter wurde durch den ständig wachsenden Arbeitskräftebedarf der Zechen beschleunigt und verstärkt.

sien, Posen) verließen.[3] Sie richtete sich zunächst aus Ost- und Westpreußen, aus Schlesien, Pommern und Posen nach dem Industriezentrum Berlin.[4]

Aus westdeutscher Sicht handelte es sich bei den Ruhrpolen um eine die Löhne niedrig haltende, „aus ökonomisch schwach entwickelten Gebieten“ stammende Arbeitermasse, die eine „noch nicht gebrochene Arbeitskraft“ besessen habe. Der deutsch-tschechische Philosoph und sozialdemokratischer Politiker Karl Kautsky (1854–1938) beschreibt 1892 diesen Prozess im Rahmen der Marxschen Theorie der „industriellen Reservearmee“, das heißt, einer aus ökonomisch schwach entwickelten Gebieten stammenden Arbeitermasse, die „geringe Bedürfnisse, dafür aber eine durch das Fabrikwesen noch nicht gebrochene Arbeitskraft besitzt“. Kautsky weiter: „Die Entwicklung des Großbetriebs, namentlich des Maschinenwesens, schafft nicht nur die Möglichkeit, diese ungeschulten Arbeiter an Stelle geschulter zu verwenden, sie schafft auch die Möglichkeit, sie billig und rasch herbeizuschaffen.“[5]

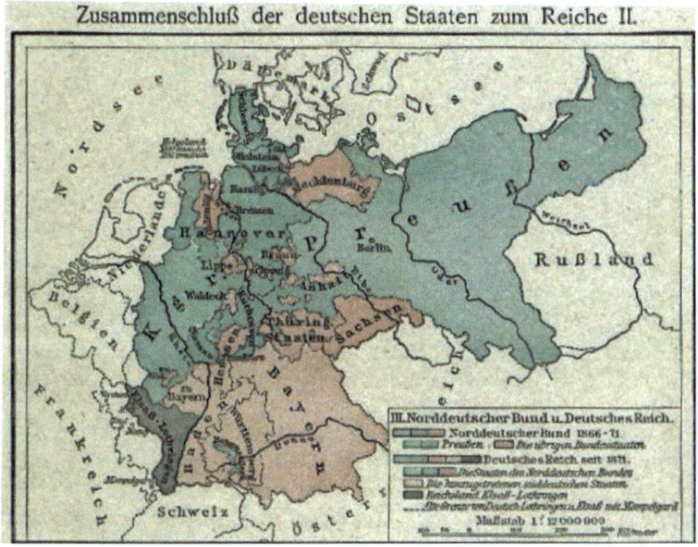

„Zusammenschluß der deutschen Staaten zum Reiche II.“ In: F. W. Putzger‘s Historischer Schul-Atlas zur alten, mittleren und neuen Geschichte, Bielefeld o.J., S. 29.

Erst die für die Bevölkerungsgeschichte Deutschlands zwischen 1880 und 1910 charakteristische Binnenwanderung änderte das Verhältnis zwischen Land- und Stadtbevölkerung grundlegend. Im Zuge der Ost-West-Wanderung sollen bis

---

3 Joachim Wagner: Politischer Terrorismus und Strafrecht im Deutschen Kaiserreich von 1871 (R. v. Deckers rechts- und sozialwissenschaftliche Abhandlungen; 10), Heidelberg 1981, S. 29.

4 Ernst-Wolfgang Böckenförde (Hrsg.): Moderne deutsche Verfassungsgeschichte (1815–1918), unter Mitarbeit von Rainer Wahl (= Neue Wissenschaftliche Bibliothek, Bd. 51: Geschichte), Köln 1972, S. 456.

5 Das Erfurter Programm in seinem grundsätzlichen Theil, erläutert von Karl Kautsky, 3. Aufl., Stuttgart, Verlag von J. H. W. Dietz, 1892, S. 43.

zum Ersten Weltkrieg über zwei Millionen Menschen aus Ostdeutschland (Ost- und Westpreußen, Pommern, Schlesien, Posen) nach Berlin, Mitteldeutschland und ins Ruhrgebiet abgewandert sein.[6] Etwa 20 Prozent von ihnen waren Polen, die im preußischen Teil Kongresspolens, vor allem in der Provinz Posen, gelebt hatten, deren Muttersprache und nationale Zugehörigkeit also polnisch, deren Staatsangehörigkeit aber preußisch-deutsch war.[7]

Das früheste Jahrbuch für die amtliche Statistik des Preußischen Staates ermittelte für den Stand 3. Dezember 1861 eine deutschsprachige Zivilbevölkerung von 3.229.359 Einwohnern im Rheinland. Darüber hinaus wurden 16 polnischsprachige (masurische, kassubische) Personen erfasst, sechs Personen, die böhmisch und mährisch sprachen und 10.729 Menschen, die Wallonisch als Familiensprache angaben. Die 16 polnischsprachigen Personen lebten ausnahmslos im Regierungsbezirk Düsseldorf. In Westfalen lebten noch keine Menschen, die Polnisch als Familiensprache angaben. Somit wurden 1861 im gesamten Rheinland und Westfalen lediglich 16 polnischsprachige Personen erfasst.[8]

Die Zeche v. d. Heydt in Herne auf einer Postkarte, die am 10. Oktober 1903 an den Gastwirt Heinrich Hartmann in Haßloh in der Pfalz verschickt wurde. Digitale Sammlung Blazek

Im Westen geht die Sonne auf

Als „Sachsengänger“ oder als „Ruhrpolen“ bezeichneten Zeitgenossen die Arbeitsmigranten, die sich in den Jahrzehnten nach der Gründung des Deutschen Reiches 1871 auf den Weg vom Osten in den Westen des Deutschen Reiches

---

[6] Heinz Lampert: „Die Ursachen der sozialen Frage im 19. Jahrhundert“ (1980), in: Das Soziale in der sozialen Marktwirtschaft, hrsg. von Karl Hohmann, Horst Friedrich Wünsche, Stuttgart/New York 1988, S. 50.

[7] Ulrich Herbert: „Die »Ruhrpolen« – Integration oder nationale Subkultur“, in ders.: Geschichte der Ausländerpolitik in Deutschland. Saisonarbeiter, Zwangsarbeiter, Gastarbeiter, Flüchtlinge. Beck Verlag, München 2001, S. 74. Kongresspolen bezeichnet das konstitutionelle Königreich Polen, das 1815 auf dem Wiener Kongress (daher der Name) als Nachfolger des von Napoleon 1807 gegründeten Herzogtums Warschau geschaffen wurde.

[8] Jahrbuch für die amtliche Statistik des preußischen Staates, hrsg. vom Verlag des Königlichen Statistischen Bureaus, Verlag der Königlichen geheimen Ober-Hofbuchdruckerei (R. Decker), Berlin 1863, S. 607. Vgl. Wehler, Hans-Ulrich, Die Polen im Ruhrgebiet bis 1918, in: Vierteljahrschrift für Sozial- und Wirtschaftsgeschichte, Bd. 48. (1961), S. 203–235.

machten, um Arbeit zu finden.[9] Bereits bald nach dem Deutsch-Französischen Krieg (1870–1871) erfolgte die erste Anwerbung von „Ruhrpolen“: Bergarbeitern aus Oberschlesien, polnischen oder besser slawisch-stämmigen, vornehmlich besitzlosen Landarbeitern aus Ost- und Westpreußen und Posen.

Insbesondere Bottrop, wo mit Abteufung der Zeche Prosper I 1856 die Zeit des Steinkohlenbergbaus begonnen hatte, war ein Zentrum dieser frühen Einwanderung. Der Stamm der polnisch sprechenden Oberschlesier traf in Bottrop im Jahr 1871 ein. Ein nach Rybnik, dem Zentrum des Rybniker Kohlenreviers, gesandter Beauftragter aus dem Ruhrgebiet hatte Arbeiter für den Bergbau angeworben. Der Erfolg war allerdings überschaubar. In der 1911 aufgelegten polnischen Jubiläumsschrift zum 25-jährigen Stiftungsfest des St.-Barbara-Vereins in Bottrop heißt es dazu: „Der erste derartige Agent kam nicht lange nach dem Kriege nach Oberschlesien. Er erreichte jedoch nicht viel, da er Deutscher und der polnischen Sprache nicht mächtig war. So brachte er nur 25 Bergleute, hauptsächlich aus dem Kreise Rybnik, mit sich. Das war im Januar 1871.“

25 Bergleute waren nur ein kleiner Erfolg. Selbstverständlich reichten diese neu zugezogenen Kräfte bei weitem nicht zur Deckung des Bedarfs aus; deshalb fuhr laut der Chronik im Mai 1871 ein neuer Agent los. Diesmal war es ein Pole namens Karol Śliwka, der als Steiger auf der Zeche „Prosper Ebel“ arbeitete. Mit ihm kamen im Anschluss etwa 400 polnische Bergleute nach Bottrop, die in dem gleichen Gebäude untergebracht wurden.[10]

Bergwerks-Gesellschaft Dahlbusch (bei Gelsenkirchen). Düsseldorf, 1. April 1873, Gründeraktie über 100 Taler = 300 Reichsmark = 375 Francs, später auf 100 Goldmark umgestempelt. Digitale Sammlung Blazek →

Im Jahre 1875 entsandte die Zeche Prosper Ebel Leopold Kowalik, einen aus Pszów (deutsch Pschow) in Oberschlesien gebürtigen Bottroper, zur erneuten Werbung nach Rybnik, der dort noch einmal 200 neue Arbeitskräfte gewinnen konnte. Auf den Zechen Prosper I und II arbeiteten im Jahr 1900 bereits über 2400 aus Oberschlesien stammende Bergleute.

In den 1880er Jahren führte das explosionsartige Wachstum der westfälischen Bergbauindustrie zu einem großen Bedarf an Arbeitskräften. Es erfolgte eine gezielte Anwerbung, die trotz deutsch-polnischer Sprachbarriere mit Hilfe von Anreizen, wie Bier, Schnaps und Zigaretten, erfolgreich war: Über eine halbe

---

[9] Infoblatt: Arbeits- und Binnenmigration im deutschen Kaiserreich. LeMO Kapitel - Kaiserreich - Industrie und Wirtschaft, Ernst Klett Verlag GmbH, Stuttgart 2012.

[10] Hans-Theodor Schmidt: Belegschaftsbildung im Ruhrgebiet im Zeichen der Industrialisierung, erläutert am Beispiel der Zechen Prosper I-III der Arenberg Bergbau GmbH in Bottrop (Westfalen), in: Tradition, Zeitschrift für Firmengeschichte und Unternehmerbiographie, 2. Jahrg., hrsg. von Wilhelm Treue, Baden-Baden 1957, S. 265 ff.

Million Menschen aus den damaligen Ostprovinzen des Deutschen Reichs, vor allem aus Posen, Schlesien und Masuren, folgten den Anwerbungen ins Ruhrgebiet. Sie waren preußische Staatsbürger, sprachen aber in der Regel polnisch. Im Alltag wurden sie daher meist als Polen angesehen und waren Vorurteilen ausgesetzt. Im Ruhrgebiet bewahrten sie ihre Sprache und Kultur, scharf beobachtet durch die Obrigkeit.[11]

Als Bürger des preußischen, später deutschen Territoriums unterlagen die Ost- und Westpreußen oder Schlesier keinen Restriktionen bei der Einwanderung. Sie suchten Arbeit und arrangierten sich mit der neuen Heimat, auch wenn die herausgehängte Wäsche von der kohlengeschwängerten Luft schnell schwarz wurde oder der Vater eine Staublunge vom Abbau in den Schächten mit nach Hause brachte.[12]

Blick auf die Zeche Concordia in Oberhausen, 1923. Die Zeche Concordia förderte Steinkohle in der Zeit von 1854 bis 1968. Digitale Sammlung Blazek

Mit Zeitungsannoncen, Flugblättern und fahrenden Agenten warben Bergwerksgesellschaften und Hüttenwerke Arbeitskräfte in den ehemaligen polnischen Gebieten des Deutschen Reiches an. Sie versprachen ein hohes Einkommen und die Unterbringung in ländlich anmutenden Siedlungen, die den Zuwanderern die Eingewöhnung erleichtern sollten. Die Agenten operierten üblicherweise in der jeweiligen Gegend, bis sie mehrere Hundert Freiwillige für die Reise abholten.[13]

---

[11] Vgl. Christoph Kleßmann: „Integration und Subkultur nationaler Minderheiten: das Beispiel der »Ruhrpolen« 1870–1939", in: Klaus J. Bade (Hrsg.): Auswanderer – Wanderarbeiter – Gastarbeiter. Bevölkerung, Arbeitsmarkt und Wanderung in Deutschland seit der Mitte des 19. Jahrhunderts, Bd. 2, Scripta Mercaturae Verlag, Ostfildern 1984, S. 303 f.

[12] Darstellung übernommen aus: „Die ‚Ruhr-Polen'" auf graeber-fussballgoetter.de (https://www.graeber-fussballgoetter.de/ruhr-polen), abgerufen am 22. November 2020.

[13] Sobótka – Organ Wrocławskiego Towarzystwa Miłośników Historii, Rocznik IV, 1949, S. 142.

Hochofenwerk 1888. Deutsche Eisenwerke A.-G., Werk Schalker Verein

Hochofenwerk 1888. Deutsche Eisenwerke A.-G., Werk Schalker Verein, Gelsenkirchen.
Aus: Will Rinne, Ruhrgeist und Ruhrstahl, Verlag für Sozialpolitik, Wirtschaft und Statistik, Paul Schmidt, Berlin SW 1941, S. 77. Digitale Sammlung Blazek

Der ehemalige Tiegel-Schmelzbau in der Kruppschen Gußstahlfabrik

Der ehemalige Tiegel-Schmelzbau in der Gussstahlfabrik Friedrich Krupp in Essen.
Aus: Will Rinne, Ruhrgeist und Ruhrstahl, Verlag für Sozialpolitik, Wirtschaft und Statistik, Paul Schmidt, Berlin SW 1941, S. 67. Digitale Sammlung Blazek

Die Grubenverwaltung der Zeche Concordia in Oberhausen ging beispielsweise 1883 dazu über, durch ihre Beamten Arbeiter aus den schlesischen und polnischen Bezirken zur Förderung des Grubenbetriebs heranzuziehen. Die abgesandten Beamten kündigten sich z.B. durch Schellenklang an und richteten Werbebüros ein, in denen sie mit den aufgrund ihrer Reklame erschienenen Leuten verhandelten.[14]

Rheinisch-Westfälisches Kohlen- und Industriegebiet. Brockhaus Konversations-Lexikon, 14. Aufl., Leipzig 1895. Digitale Sammlung Blazek

Die Industrialisierung schuf die Voraussetzung für die Binnenwanderung, die „größte Massenbewegung der deutschen Geschichte". In der beginnenden Hochindustrialisierungsphase war die deutsche Industrie so weit entwickelt, dass sie die Arbeitskräfte aus den strukturschwachen, übervölkerten ländlichen Gebieten des Deutschen Reiches größtenteils aufnehmen konnte. Daraufhin setzte ein struktureller Umbruch der Auswanderung zur Ost-West-Wanderung innerhalb des Reiches ein. Mit Beginn der neunziger Jahre wanderten vornehmlich Bewohner der nordöstlichen Provinzen Preußens (Ostpreußen, Westpreußen, Posen) und aus Mecklenburg in die Hansestädte und nach Berlin, zum weit überwiegenden Teil aber in die preußischen Industrieprovinzen Rheinland und Westfalen aus.[15]

---

[14] Franz Kempken: Die wirtschaftliche Entwickelung der Stadt Oberhausen, Inaugural-Dissertation, Tübingen 1917, S. 26.

[15] Zit. n. Dieter Gosewinkel: Einbürgern und Ausschließen, 2. Aufl., Göttingen 2003, S. 181. Vgl. Matthias Blazek: „Genealogisches von der Familie Blazek – Der Weg ins Ruhrgebiet wurde in der Wilhelminischen Zeit zurückgelegt", in: Genealogie – Deutsche Zeitschrift für Familienkunde, Bd. XXXI/61. Jahrg., Heft 1/Januar–März 2012, S. 34 ff.; Matthias Blazek:

In den 1890er Jahren bildeten die slawisch-stämmigen Zuwanderer in vielen Zechen des nördlichen Ruhrgebiets die Mehrheit der Belegschaft. Sie lebten meist in den Zechenkolonien, wo sich bald Viertel mit überwiegend polnischen Bewohnern bildeten. Die erste differenzierte Belegschaftsstatistik des Ruhrbergbaus von 1893 gibt unter 23 410 Fremdsprachigen an: 20 494 aus dem Deutschen Reich (das waren vor allem Menschen aus den vier Ostprovinzen), 1443 aus Österreich-Ungarn, 699 aus Holland, 610 aus Italien, 82 aus Russland und weitere 82 aus anderen Staaten. Die Zahl der Ausländer stieg an, die „preußischen Polen“ aber blieben in der überwiegenden Mehrheit.

Belegschaft der Zeche Nordstern, Revier 6, 8. Sohle, 1897 – unter den Männern sind viele polnisch- und masurischstämmige Zuwanderer. Horst-Emscher im Bilde. Kunterbuntes Allerlei, Band 1: Belegschaft der Zeche Nordstern, Revier 8. Sohle. © Institut für Stadtgeschichte/ Stadtarchiv Gelsenkirchen (FS I, Album 7 – 07. 051, Bild-Nr. 06643)

Die Zechensiedlungen konnten den Zustrom an Arbeitskräften kaum verkraften, sodass sich viele Familien eine Wohnung teilten und Kostgänger oder Schlafburschen aufnahmen. Diese Entwicklung wurde beim Bau neuer Häuser berücksichtigt, indem die Küche zur Wohnküche wurde und der Zugang zu den anderen Räumen vorverlegt wurde. So konnten die Untermieter ihre Zimmer erreichen, ohne die Familienzimmer betreten zu müssen. Eine Weiterentwicklung war die Anlage von „Wohnungsfluren“, die als Schleuse den Zugang zu den Häusern kontrollierten.

„Ost-West-Binnenwanderung“, in ders.: Westpreußen – Das Land an der unteren Weichsel, ibidem-Verlag, Stuttgart 2012, S. 39 ff.

„1890 dürften rund 9300 Bergleute mit polnischer Muttersprache auf den Gruben des Oberbergamtsbezirkes Dortmund beschäftigt gewesen sein, 1893 waren es bereits 17919, 1897 34361“, heißt es in den „Sozialistischen Monatsheften“.[16]

Es gab Zechen im Ruhrgebiet, die so genannten „Polenzechen“, in denen die Osteinwanderer mehr als 50 Prozent der Belegschaft stellten. Die „Ruhrpolen“ in den „Polenzechen“ des Ruhr- und Emscherreviers waren in der Tat „Gastarbeiter im Deutschen Reich“.

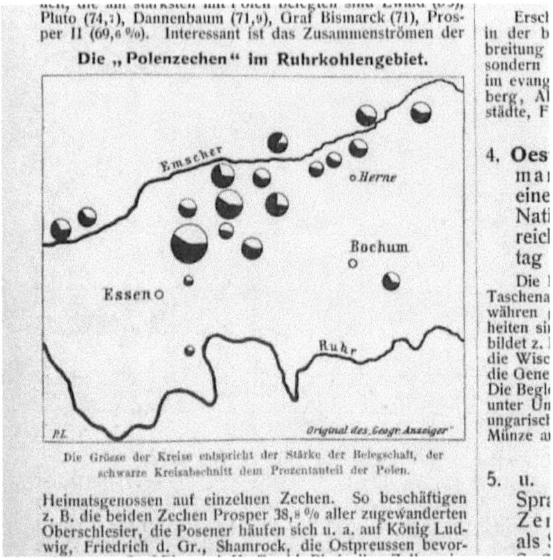
Pluto (74,7), Dannenbaum (71,9), Graf Bismarck (71), Prosper II (69,6 %). Interessant ist das Zusammenströmen der

Die „Polenzechen“ im Ruhrkohlengebiet.

Die Grösse der Kreise entspricht der Stärke der Belegschaft, der schwarze Kreisabschnitt dem Prozentanteil der Polen.

Heimatsgenossen auf einzelnen Zechen. So beschäftigen z. B. die beiden Zechen Prosper 38,8 % aller zugewanderten Oberschlesier, die Posener häufen sich u. a. auf König Ludwig, Friedrich d. Gr., Shamrock, die Ostpreussen bevor-

Die „Polenzechen“ im Ruhrgebiet. Die Größe der Kreise entspricht der Stärke der Belegschaft, der schwarze Kreisausschnitt dem Prozentanteil der Polen. Geographischer Anzeiger: Blätter für den geographischen Unterricht, Zweiter Jahrgang/April 1901, S. 59. Digitale Sammlung Blazek

Der Anteil der Zuwanderer mit polnischer Muttersprache an den Belegschaften der Zechen im nördlichen Ruhrgebiet stieg in den 19 „Polenzechen“ (mit mehr als 50 Prozent Osteinwanderern) in den Bergrevieren Gelsenkirchen, Herne, Recklinghausen, Essen und Wattenscheid auf mehr als 50 Prozent an. „... im December 1897 hatte sich die Zahl abermals fast verdoppelt; denn es wurden 34 361 polnische Bergleute gezählt. Das Verhältnis der polnischen Bergarbeiter zur Gesammtbelegschaft der Bergleute im Oberbergamtsbezirke Dortmund betrug 18,02 Proc.“, heißt es in der „Berg- und Hüttenmännischen Zeitung“.[17]

Von den am 31. Dezember 1899 auf den Zechen des Oberbergamtsbezirks Dortmund beschäftigten 69 379 Bergarbeitern aus den vier preußischen Ostprovinzen waren 28 439 (41 %) auf den 19 „Polenzechen“ beschäftigt. Bis auf zwei

[16] Sozialistische Monatshefte, hrsg. von Joseph Bloch (1871–1936), 1905, I. Band, Januar bis Juni.

[17] Berg- und Hüttenmännische Zeitung, Bd. 60, 1901, S. 316.

Zechen hatten alle eine Gesamtbelegschaft von über 1000 Mann. Ihrer Lage nach gehörten die „Polenzechen“ zu den Bergrevieren Recklinghausen (3), Bochum-Süd (1), Herne (4), Gelsenkirchen (5), Wattenscheid (1), Essen-Ost (2), Essen-West (2) und Essen-Süd (1). Die größte Belegschaft hatte die Zeche Consolidation, ein Steinkohlen-Bergwerk in Gelsenkirchen, mit 4851 Mann.

Eine Anzahl abgepasster
Teppiche
sowie Reste feinerer Rollenwaare
wird ausserordentlich billig abgegeben in der
Teppich-Fabrik Duisburg
Kühlingsgasse 34.

Gothaer Lebensversicherungsbank

Bielefelder Dampf-Waschanstalt
Aug. Ernemann
76 Dorfstraße Duisburg-Düssern. Dorfstraße 76

Bergwerks-Gesellschaft vereinigter Bonifacius bei Gelsenkirchen.
Die Anlieferung des in der Zeit vom 1. Juli 1895 bis 30. Juni 1897 auf unserer Zeche erforderlichen
Grubenholzes
soll verdungen werden. Sortenverzeichnisse und Lieferungsbedingungen verabfolgen wir kostenfrei.
Leistungsfähige Holzhändler, welche geneigt sind, diese Lieferung zu übernehmen, wollen ihre Angebote bis zum 15. Februar 1895 portofrei an uns gelangen lassen.
Kray, Reg.-Bez. Düsseldorf, den 15. Januar 1895.
Die Direction.

Rheinkies-Lieferung.

Haushaltungs- und Familien-Pensionat

Treber
Gebr. Kühler, Duisburg.

Geschäfts-Betheiligung.
20- bis 25 000 Mark

Patente
Haftpflicht-
Drei Rheinkähne
zu kaufen
oder zu miethen gesucht.

Technische Gewebe, Press- u. Filter-Tuche, Press-Säcke, Deckel u. Beutel, Biertrubsäcke
Rommel, Weiss & Cie.,
!!! An- und Verkauf!!!
Eine gute Bäckerei,
Ein möblirtes Zimmer

Anzeige der Bergwerks-Gesellschaft vereinigter Bonifacius bei Gelsenkirchen, die Anlieferung von Grubenholz betreffend. Rhein- und Ruhrzeitung, 21. Januar 1895, Mittags-Ausgabe, S. 4. Digitale Sammlung Blazek

Die 1902 in Bochum von Arbeitern gegründete polnische Berufsvereinigung (polnisch: Zjednoczenie Zawodowe Polskie, ZZP) stellte für die katholischen Polen eine Alternative zu den sozialdemokratischen deutschen Gewerkschaften dar. Die 1890 in Bochum gegründete und im September 1890 erstmals erschienene Zeitung „Wiarus Polski“ (Polnischer Getreuer) war das erste zentrale Presseorgan der Polen im Ruhrgebiet.[18]

Anstecknadel zum 10-jährigen Stiftungsfest der Gewerkschaft ZZP im Jahr 1912. Digitale Sammlung Blazek →

Die Gründung der Gewerkschaft ZZP erfolgte vornehmlich von Ruhrpolen. Die Initiative zur Gründung einer eigenen polnischen Gewerkschaftsorganisation war von den „Wiarus Polski“-Verlegern Jan Brejski (1863–1934) und seinem Bruder Antoni Brejski (1867–1929) ausgegangen. Im November 1902 beriefen sie eine Versammlung zur Gründung der polnischen Berufsvereinigung ein. Franciszek Mańkowski (1872–1948) aus Wanne, Sohn eines Schäfers, als 16-Jähriger aus der Provinz Posen nach Westfalen gezogen

[18] Oskar Mückeley: Die Ost- und Westpreußen-Bewegung im rheinisch-westfälischen Industriebezirk – eine Festschrift zur Abstimmungs-Gedenkfeier 1926, Gelsenkirchen 1926 (Oskar Mückeley [1872–1955], masurischer Gelsenkirchener Pfarrer).

und 1889 am Bergarbeiterstreik beteiligt, gehörte mit Jan Brejski zu den maßgeblichen Gründern der Gewerkschaft ZZP. Diese orientierte sich ideologisch teilweise an den christlichen Gewerkschaften. Die freien Gewerkschaften sprachen abfällig von einer von „Pfaffen und Kaufleuten" gegründeten Organisation.[19]

Am 1. September 1903 wurde der erste Spatenstich für das Abteufen des Schachtes 1 der Schachtanlage Bergmannsglück in Gelsenkirchen-Buer getan. Ihre Anfänge gingen zurück auf das Jahr 1874, als dem bis dahin als Postexpediteur arbeitenden Johann Stennes in Buer die ersten Grubenfelder des heutigen Baufeldes Bergmannsglück verliehen wurden. Hier eine 1934 verschickte Postkarte der Zeche. Digitale Sammlung Blazek

Bereits 1905 wurde die Gewerkschaft ZZP zur drittgrößten Bergarbeitergewerkschaft im Ruhrgebiet und nahm im gleichen Jahr am großen Bergarbeiterstreik im Ruhrgebiet teil. Sie entsandte zwei Delegierte in die Siebenerkommission der Streikenden. Damit erkannten die bestehenden Gewerkschaften die polnische Organisation an.[20] In den ersten Jahren nahm die Gewerkschaft polnisch spre-

[19] Franziszek Mańkowski: „Historia ZZP", in: 1902–1907 Zjednoczenie Zawodowe Polskie. Ćwierć wieku pracy dla Narodu i Robotnika, Poznań 1927 (Jubiläumsausgabe des ZZP), S. 34–266; Vgl. Artikel zum 10-jährigen Bestehen der ZZP, in: Głos Górnika, Nr. 20, 10. November 1912; Wojciech Sosiński (1872–1934): „Odczyt na 10-letnie jubileusz zalozenia Zjednoczenia Zawo dowa Polskiego" (Vortrag zum 10-jährigen Stiftungsfest der ZZP), Herne 1912; Franciszek Mańkowski: „Dzieje Związków Polskich (Geschichte der polnischen Gewerkschaften)", in: Kalendarz Górniczy na Rok Pański 1913, Bochum 1913. Über die Entstehungsgeschichte der ZZP vgl. auch Heinrich Imbusch (1878–1945), Arbeitsverhältnis und Arbeiterorganisationen im deutschen Bergbau, Essen 1908, S. 507; vgl. die „Ustawy ZZP" (Satzungen der ZZP) von 1902, Bochum 1902, und die Anpassung des Programms an das tatsächliche Leistungsvermögen, Ustawy ZZP, Bochum 1904 (1. Hauptversammlung am 17. Januar 1904 in Steele); Protokóły z walnych zebrań ZZP (Protokolle der Hauptversammlungen der ZZP), 1904 ff.

[20] „Siebenerkommission heißt der anläßlich des großen Bergarbeiterausstandes im Ruhrkohlengebiet 1905 eingesetzte Ausschuß der Bergarbeiter, mit dem zu verhandeln die Zechenbesitzer ablehnten, der aber auch nach Beendigung des Ausstandes bestehen blieb, um die For-

chende Arbeiter aller Berufe auf. In den preußischen Ostgebieten in Oberschlesien, Westpreußen und der Provinz Posen bestanden schon vergleichbare Organisationen. Diese schlossen sich 1908 mit der Vereinigung im Ruhrgebiet zusammen. Während der Weimarer Republik verlor die ZZP stark an Bedeutung und löste sich 1934 auf.

Szanownym rodakom **w Herne i okolicy** donosimy niniejszem, (475

iż od 1 kwietnia rb. otwieramy

wielki

skład mebli

w Herne,

Nowa ul. narożnik, naprzeciw domu czeladzi katolickiej

polecamy kompletne umeblowania, mianowicie dla nowożeńców, dodając, iż meble sprowadzamy z najlepszych warsztatów ile możności i podług wymagań rodaków będziemy zakupywali z stron rodzinnych trzymając się zasady, tak dziś nam potrzebnej „swój do swego!“ (Także na odpłatę).

Spodziewając się szczerego poparcia naszego przedsiębiorstwa, kreślimy się

z szacunkiem

Mich. Miedziński, Józef Helik.

Herne ulica Nowa.

Skład mebli w Herne (Möbellager in Herne). Postęp (= Fortschritt), 22. März 1904. Digitale Sammlung Blazek

Zusammenschlüsse, wie die Gewerkschaft ZZP, wurden von der Obrigkeit misstrauisch beäugt, politische und auch kulturelle Aktivitäten wurden unterdrückt. Insbesondere stand die polnischstämmige Bevölkerung im Verdacht, „nationalpolnisches“ Gedankengut zu pflegen und auf ein Wiedererstehen des polnischen Staates hinzuarbeiten. Auch ihre Sprache durften sie deshalb nicht ungehindert gebrauchen.

Gelsenkirchen, 3. Mai 1907: „... mußt Du Zeit für mich haben. Inzwischen die herzlichsten Grüße von Deinem Bruder August.“ Zeche Rheinelbe, Schacht I und II, 1907. Sammlung: Matthias Blazek

derungen der Kohlenarbeiter geltend zu machen.“ Meyers Großes Konversations-Lexikon, 1905.

Lassen wir den Ruhrgebiets-Kenner Tony Kellen (1869–1948) in einer beachtenswerten Darstellung sprechen.[21] Für seinen Aufsatz wertete er u.a. die 184-seitige Inaugural-Dissertation des späteren polnischen Unterstaatssekretärs im Ministerium für ehemals preußische Gebiete Dr. Stanisław Wachowiak, „Polacy w Nadrenii i Westfalii“, aus.[22] Kellen liefert mit seinem Beitrag die wohl umfangreichste Darstellung über die Zuwanderung aus dem heutigen Polen ins Ruhrgebiet. Der Text erschien zuerst in der Illustrierten „GLOBUS“ in ihrer Ausgabe vom 8. April 1899, und zwar unter der Überschrift „Die polnischen Niederlassungen im Ruhrkohlenreviere“.[23]

Kokerei Zollverein – die Zeche Zollverein, auch „Eiffelturm des Ruhrgebietes“ genannt, war ein von 1851 bis 1986 aktives Steinkohlebergwerk in Essen. Benannt wurde sie nach dem 1834 gegründeten Deutschen Zollverein. Sie ist heute ein Architektur- und Industriedenkmal. Bild aus: Ernst Jüngst (Nationalökonom im Bergbau, 1872–1933), Zur Feier des fünfzigjährigen Bestehens des Vereins für die bergbaulichen Interessen im Oberbergamtsbezirk Dortmund in Essen, 1858–1908, Verlag der Berg- und Hüttenmännischen Zeitschrift Glückauf, Essen 1908. Digitale Sammlung Blazek

[21] Tony Kellen: „Die Polen im nordrhein-westfälischen Industriebezirk“. In: Der Krieg – Illustrierte Chronik des Krieges 1918/19, Franckh‘sche Verlagshandlung, Stuttgart 1919, S. 37 f. Der aus Luxemburg stammende Tony Kellen lebte ab Mai 1917 in Stuttgart, wo er während 26 Jahren literarischer Beirat der Franckh‘schen Verlagshandlung und Mitarbeiter des Kosmos-Verlags war.

[22] Stanisław Wachowiak: Polacy w Nadreni i Westfalii, Poznań 1917, Die Polen in Rheinland-Westfalen, Robert Noske, Leipzig 1916.

[23] GLOBUS – Illustrierte Zeitschrift für Länder- und Völkerkunde, hrsg. von Dr. Richard Andree, Verlag von Friedrich Vieweg und Sohn, Bibliographisches Institut, Braunschweig 1899, S. 217–222.

Einleitend schreibt er: „Zu den größten Binnenwanderungen, die die neuere Geschichte kennt, gehört der Zuzug polnischer Arbeiter in Westdeutschland. Es handelt sich dabei nicht nur, wie in anderen Gegenden, um Wanderarbeiter, sondern vorwiegend um solche, die sich dauernd in dem Gebiete zwischen Ruhr, Emscher und Lippe niedergelassen haben."

Belegschaft des Reviers V der Zeche Graf Bismarck, Schacht III/V., 1909. © Institut für Stadtgeschichte/Stadtarchiv Gelsenkirchen (FS I, LA 01 1 – BS. 072, Bild-Nr. 11399)

Tony Kellen, 1869 in Luxemburg geboren und nach einem schriftstellernden Leben 1948 in Stuttgart-Hohenheim gestorben, musste sich als Herausgeber von „Das Schwabenland – Ein Heimatbuch für Württemberg und Hohenzollern" (Friedrich Brandstetter, Leipzig) von einigen Lesern beschimpfen lassen, dass er sich als Nichtschwabe zum Anwalt Schwabens gemacht habe. In seinem tiefgründigen Beitrag schreibt er weiter:

Masurinnen auf dem Weg zur Kirche (Bleckkirche in Gelsenkirchen). Die ostpreußischen Zuwanderer waren streng protestantisch. Foto: Tyburzy, um 1900. © Institut für Stadtgeschichte/Stadtarchiv Gelsenkirchen (FS I, DB 02 – MA 004, Bild-Nr. 05847)

„Früher hätte wohl niemand geglaubt, daß in Rheinland und Westfalen polnische Kolonien entstehen würden. (...) Nach der Volkszählung von 1861 gab es im Rheinland erst 16, in Westfalen noch keine Polen. Bis zum Jahre 1870 war überhaupt die Einwanderung fremdsprachiger Arbeiter an der Ruhr gering. Erst nach dem Deutsch-Französischen Kriege kamen polnisch redende Arbeiter aus den östlichen Provinzen Preußens, Österreich und Rußland dorthin. Daneben dauerte der schon etwas früher begonnene Zuzug von Holländern, Italienern, Wallonen u. s. w. an. Infolge der hohen

Arbeitslöhne in Bergwerken und Fabriken hatte sich schon bald der größte Teil der bei der Landwirtschaft im Ruhrgebiet tätigen einheimischen Arbeiter der Beschäftigung auf den industriellen Werken zugewandt. Die dadurch freigewordenen Stellen wurden mit Polen ausgefüllt, allein auch diese gingen gewöhnlich schon nach kurzem Aufenthalte zu der lohnenderen gewerblichen Beschäftigung über. Anfänglich ließen die Arbeiter gewöhnlich ihre Familienangehörigen in der Heimat zurück und sandten ihnen an den Lohntagen einen Teil ihres Verdienstes. Erst als sie sahen, daß die ihnen gebotene Beschäftigung eine dauernde sei, ließen sie ihre Angehörigen nachkommen, und seither bildet die Übersiedlung mit Kind und Kegel die Regel.[24]

Belegschaft des Reviers VIII der Zeche Hannover 1/2 in Bochum-Hordel, 1899: Kohlehauer, Gesteinshauer, Schachtzimmerhauer. Für das Foto haben die Bergleute ihr Geleucht und ihr typisches Gezähe, wie Keilhauen, Schlägel und Schlangenbohrer, mitgebracht. Der Junge im Vordergrund bedient den Luttenventilator für die Frischluftzufuhr. Foto: Montanhistorisches Dokumentationszentrum beim Deutschen Bergbau-Museum Bochum *(montan.dok/BBA 20/4748)*. Abdruck mit freundlicher Genehmigung

[24] Zeitgenossen äußerten sich kritisch oder gaben kritische Meinungen weiter. „(…) Aber was das flache Land der Heimat abzugeben hatte, genügte noch nicht, und es fluteten Massen industrieller Ausländer ein, wie bei der Landwirtschaft besonders polnischer Herkunft; die Verwendung im Dienste der Industrie brachte es mit sich, daß diese sich geschlossen ansiedelten, und so entstanden in Rheinland und Westfalen die besorgniserregenden polnischen Kolonien, die es wagen können, auf den politischen Kampfplatz zu treten. Inmitten der rassenmäßigdeutschesten Bevölkerung des Vaterlandes hat ein polnischer Staat im Staate sich gebildet“, so der „Alldeutsche“ Heinrich Claß (1868–1953) unter dem Pseudonym Daniel Frymann. (Daniel Frymann: Wenn ich der Kaiser wär – Politische Wahrheiten und Notwendigkeiten, Dietrich‘sche Verlagsbuchhandlung, Leipzig 1912, S. 21.)

Viele Polen kehrten gelegentlich zu kurzem Besuche in ihre frühere Heimat zurück. Sie veranlaßten meist Bekannte und Verwandte, ihnen in das Ruhrgebiet zu folgen. Daher kommt es, daß die Zuwanderer aus bestimmten Bezirken auch in der neuen Heimat zusammenblieben. Das gleiche geschah bei denen, die den Verlockungen der Zechenagenten aus dem Westen folgten. Dem Gemeinschaftsgefühl der Polen ist es nicht zum wenigsten zuzuschreiben, daß sie sich erfolgreich gegen die Verdeutschung gewehrt haben.[25]

Wie die Zahl der Polen im Laufe der Jahrzehnte gestiegen ist, läßt sich im einzelnen nicht gut nachweisen, weil die Volkszählungen und die Statistiken des Allgemeinen Knappschaftsvereins meist nur die Herkunftsprovinzen berücksichtigen, dagegen die im Westen geborenen Kinder von Polen schon als aus Rheinland oder Westfalen stammend betrachten. Es ist deshalb klar, daß die Zahl der Polen in beiden Provinzen erheblich höher ist[,] als sie nach den amtlichen Statistiken erscheint.

Koło Śpiewu „Wanda“ – der 1906 gegründete polnische Gesangverein „Wanda“ vor dem Restaurant Heinr. Schulte in Holsterhausen (Essen). Undatierte Ansichtskarte.[26]
Digitale Sammlung Blazek

Nur im Jahre 1893 wurde eine eingehende Zählung der Belegschaft der Kohlengruben im Ruhrrevier vorgenommen, die auch die Nationalität sorgfältig berücksichtigte. Damals waren unter der Belegschaft von 151561 Mann 23410 Fremdsprachige. Als ihre Muttersprache gaben an: 17951 die polnische Sprache, 4020 die deutsche und polnische, 18 die masurische. Hierzu kamen natürlich noch die Frauen und Männer. 1897 betrug die Zahl der Polen im Industriegebiet bereits 106766. Bei der Volkszählung von 1910 gab es in Westfalen 182507, im rheinischen Teil des Industriebezirks 71695 Polen, zusammen also 254202. Dr. St. Wachowiak (Die Polen in Rheinland und West-

[25] Nicht nur das Ruhrgebiet, auch der schlesische Bergbau war für die Ostpreußen interessant. Und man reiste natürlich für die Familienfeiern zurück in die Heimat.

[26] Die insgesamt 15 in dem Zeitraum von 1895 bis zum Zweiten Weltkrieg im heutigen Herner Stadtgebiet nachweisbaren polnischen Gesangvereine unterschieden sich in ihren Satzungen, in denen die Pflege des polnischen Kirchengesanges und polnischer Volkslieder zur Hauptaufgabe erhoben wurde. (Susanne Peters-Schildgen: „Schmelztiegel“ Ruhrgebiet – Die Geschichte der Zuwanderung am Beispiel Herne bis 1945, Klartext, Essen 1997, S. 127.)

falen, 1916) hält diese Zahl für viel zu niedrig. Er rechnet dazu: 26909 gemischtsprachige (polnisch und deutsch sprechende), sowie 21965 Kassuben und Masuren und gelangt dann zu einer Gesamtzahl von 303076. Andererseits hatte F. Schulze (Die polnische Einwanderung im Ruhrgebiet und ihre Wirkungen, 1909) die Zahl der 1905 im Bergbau beschäftigten Polen schon auf 284600 berechnet, und Wachowiak kommt unter Annahme von durchschnittlich zwei Angehörigen für das Jahr 1913 auf 417609 Polen. Außerdem kämen noch die nicht im Bergbau beschäftigten Zuzügler hinzu.

Es ist leicht erklärlich, daß die Hauptmasse der polnischen Einwanderer auf den jüngeren Zechen im nördlichen Teile des Industriebezirkes, also auf beiden Seiten der Emscher, Beschäftigung gefunden hat. Unter den ‚Polenzechen‘ steht Ewald in Herten mit 85% polnischer Bergarbeiter obenan. Auf den alten Gruben im Ruhrtale und seiner Umgebung finden sich weniger fremde Arbeiter.

Die Polen sind am zahlreichsten in den Landkreisen Recklinghausen, Dortmund, Gelsenkirchen, sowie in den Stadtkreisen Hamborn, Gelsenkirchen, Recklinghausen und Herne. Es gibt Kolonien, die ganz ein polnisches Gepräge tragen, und wo nur Geschäfte mit polnischen Aufschriften zu sehen sind. Die Polen haben denn auch ihre eigenen Banken und Genossenschaften, ferner ihre eigenen Zeitungen, die im Industriebezirk selbst gedruckt werden, ihre eigenen Vereine usw.

„Grüße aus dem Falkennest Sokól in Holthausen“, um 1915.
Foto: Stadtarchiv Herne/Abdruck mit freundlicher Genehmigung

Im Westen führen die Polen ein freieres und ungebundeneres Leben als im Osten. Die hohen Löhne ermöglichen ihnen dort eine ihnen früher unbekannte Lebensweise. Kulturell stehen sie allerdings erheblich hinter den deutschen Arbeitern zurück, doch hat sich ihr Bildungsstand in den letzten Jahrzehnten immerhin schon merklich gehoben.

Die Polen sind durchweg katholisch, die Masuren protestantisch. Obschon Polen und Masuren gleicher Abstammung sind, unterscheiden sie sich ganz bedeutend. Letztere sind kulturell noch hinter den Polen zurückgeblieben. Politisch halten sie aber treu zu Preußen und dessen Königshaus. Sie verdeutschen sich denn auch ziemlich schnell. Das Masurische gehört zum Polnischen, von dem es sich nur durch Dialekteigentümlichkeiten unterscheidet. Früher war den Polen keine Wohnung zu schlecht. Seitdem die Zechen sie zumeist in Kolonien unterbringen, sind ihre Ansprüche etwas gestiegen.

Was die Nahrung betrifft, so begnügten sie sich vor dem Kriege meist mit Speck, Heringen, Brot, Kartoffeln und Schnaps. Die Polen gehen nicht so viel in die Wirtshäuser wie die deutschen Arbeiter, aber dafür halten sie desto mehr Zechgelage in ihren Wohnungen ab, wobei eine Ziehharmonika die unvermeidliche Musik abgibt. Die Polenhochzeiten sind weit und breit sprichwörtlich geworden. Ein polnischer Bergmann hält es für selbstverständlich, daß sich mehrere Hundert seiner Landsleute zu seiner Hochzeit einfinden. Jeder bezahlt dabei seine eigene Zeche, so daß dem Bräutigam keine Kosten entstehen. Ohne Keilerei geht es auf einer solchen Hochzeit selten ab. – Bei den Deutschen stehen die Polen nicht hoch in Ehren, weil sie die Löhne drücken und, sobald sie getrunken haben, rauflustig und hinterlistig sind."

„Tow[arzystwo] gimnastyczne ‚Sokól' w Herne d. 5.10.1919."
Foto: Stadtarchiv Herne/Abdruck mit freundlicher Genehmigung

Mit Widmung: Empfänger war der mit dem Steinkohlenbergbau verbundene Rechtsanwalt in Königshütte Dr. Julian Zagórowski (1890–1967): „Panu Dr. Julianowi Zagórowskiemu rodowód rodzięczności i za okazane sympatje Zjednoczenin Zawodowemu Polskiemu ofiazuje Związek Metalonków Z.Z.P." – „Herrn Dr. Julian Zagórowski wird wegen seiner Freundlichkeit die Sympathie der Zjednoczenie Zawodowe Polskie entgegengebracht, Z.Z.P." Einband der Schrift „Ćwierć wieku pracy dla narodu i robotnika", 1927.
www.wbc.poznan.pl/Digitale Sammlung Blazek

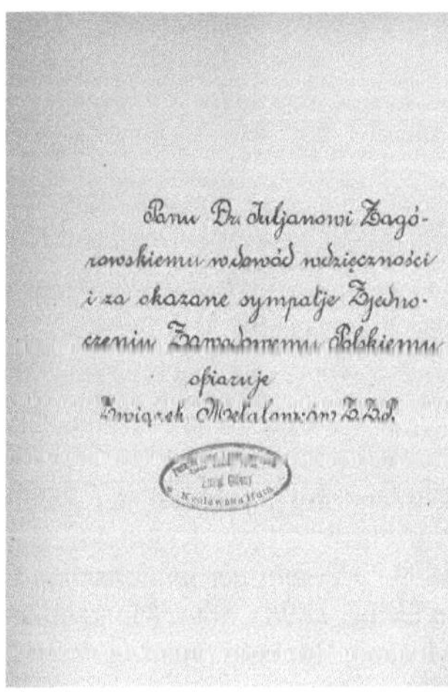

Vorder- und Rückseite der Fahne des Polnischen Knappenvereins Dortmund-Eving, 1898. Aufschrift: „Tow. Katolickie polskich. Górników / pod. opieka św Barbary / w EVING 1898.“ (Verein der katholischen Bergleute aus Polen unter dem Schutz der Heiligen Barbara in Eving, 1898). Foto: Montanhistorisches Dokumentationszentrum beim Deutschen Bergbau-Museum Bochum *(montan.dok 033303933000)*. Abdruck mit freundlicher Genehmigung

Die Praxis des Werbens in den preußischen Ostprovinzen

Für den Abbau der Kohlen im Ruhrbergbau war ausschließlich menschliche Arbeitskraft erforderlich. Die Arbeitskräfte kamen aus allen Teilen Deutschlands und vielen europäischen Ländern. Zunächst konnten Bergarbeiter aus der näheren Umgebung des Ruhrgebiets angeworben werden, dann kamen sie aus Hessen, Niedersachsen, dann aus der Harz-Region, später östlich der Elbe, östlich der Oder, östlich der Weichsel und östlich der Memel. Es waren überwiegend Tagelöhner, Knechte, Land- oder Hilfsarbeiter. 1871 begann die planmäßige Werbung fremdsprachiger Arbeitskräfte in den deutschen Ostgebieten. Zu diesem Zweck wurden ab den 1870er Jahren professionelle Agenten der Zechen nach Schlesien, Posen, Ost- und Westpreußen entsandt. Landarbeiter wurden vom goldenen Westen angelockt – zunächst einzeln, ungelenkt, ohne Familie. Die Abwanderung aus den preußischen Ostprovinzen kam teils von selbst in Gang, teils wurde sie durch die von den einzelnen Zechengesellschaften eingesetzten Werber ausgelöst. Durch den Feldzug von 1870/71 waren die einfachen Landarbeiter, Instleute, Kätner und nichterbenden Bauernsöhne erstmalig mit dem Westen in Berührung gekommen. Hier hatten sie bisher unbekannte Lebensgenüsse kennengelernt. Nach der Rückkehr in die Heimat konnten sie ihre Ansprüche in Bezug auf Wohnung, Kleidung, Nahrung und Freizeit mit dem meist in Naturalien bestehenden Landarbeiterlohn nicht mehr befriedigen. Zum ersten Mal erschienen die Werber westfälischer Unternehmer 1869 im Kohlenrevier des Waldenburger Berglands in Schlesien, um von einem dort ausgebrochenen Streik zu profitieren.

Die Anwerbung durch Zechenagenten spielte seit den 1870er Jahren dauernd eine bedeutende Rolle, solange der Arbeitskräftebedarf des Bergbaus stieg. Obwohl das „Agentenunwesen“ in der zeitgenössischen Literatur und Publizistik viel kritisiert wurde, ist nur wenig Genaues über seinen Umfang und seine Formen bekannt. Die Zechen schickten professionelle Werber in die preußischen Ostprovinzen, hängten dort Werbeplakate aus, sammelten Auswanderungswillige und schickten sie mit Sonderzügen ins Revier. Der katholische Imperiumsgründer August Thyssen (1842–1926) schickte seine Agenten in die Provinzen Posen und Westpreußen, der Gelsenkirchener Unternehmer Henrich Friedrich Grillo (1825–1888) dagegen ließ Arbeitskräfte für sein Werk in Rauxel in protestantischen Gegenden suchen.

Drei Beispiele mögen einen Eindruck davon vermitteln, wie diese Anwerbung aussah. Dr. Christoph August Zakrzewski schilderte sie 1890 aus eigener Anschauung: „Bereits im Januar kommen die ‚Werber‘ nach West- und Ostpreußen, nach Posen, Oberschlesien, um diese Arbeit für die westlichen Provinzen, für Mecklenburg zum 1. März oder 1. April zu mieten. Cigarren, Bier und Schnaps werden von dem Werber unter die Arbeiter verteilt, jeder Angeworbene erhält 1 Mark Angeld, und nachdem alle Mietsverträge abgeschlossen sind, wird ein gemeinsames Tanzvergnügen von dem Unternehmer veranstaltet.“[27]

[27] Jahrbuch für Gesetzgebung, Verwaltung und Volkswirtschaft im Deutschen Reich, Duncker & Humblot, Leipzig 1890, S. 900.

In einem Schreiben der Zeche „Hibernia“ (Revier Gelsenkirchen) an alle Gastwirte der Provinz Ostpreußen von 1906 hieß es: „Streng vertraulich! Wir bitten die Herren Gastwirte, dafür zu sorgen, daß möglichst viele Arbeiter unter 26 Jahren, möglichst unverheiratete, hierher ziehen. Für jeden aus Ihrer Ortschaft zuziehenden Arbeiter zahlen wir Ihnen Mk 3.“ Ein heute wohl verschollener Aufruf eines „Agenten“ der seit 1877 Kohle fördernden Zeche „Victor“ in Rauxel (Castrop) aus dem Jahr 1908, als Werbeschrift verbreitet und für den Aushang in den masurischen Wirtshäusern vorgesehen, versprach sichere Jobs, hohe Löhne, gute Wohnungen und „vollständig freien Umzug“ für die ganze Familie. Sobald eine genügende Anzahl vorhanden sei, würde ein Beamter der Zeche sie abholen. Die Zeche verlange für den freien Umzug keine Bindung, eine bestimmte Zeit dort zu bleiben. Zum Vergleich: Um 1890 verdienten die Tagelöhner in der Landwirtschaft des Ostens rund 80 Pfennig am Tag, die Bergleute an der Ruhr 2 Mark – bei kürzerer Arbeitszeit. In der „Kolonie“, so versprachen die Werber, gäbe es Gärtchen wie zu Hause.[28]

Die gewissenlosen Elemente unter den Werbern waren weniger die von den Zechen selbst ausgeschickten Beamten als die von ihnen in den Ostprovinzen angewiesenen Agenten. Die Versprechen wurden nicht immer eingelöst, wie 1906 in den Stenographischen Berichten zu den Verhandlungen des Reichstags (S. 1189) zu lesen ist: „Meine Herren, es ist vor einigen Wochen ein Fall vorgekommen, daß ein großer Trupp landwirtschaftlicher Arbeiter aus Ostpreußen angeworben wurde von einem Agenten der Firmen Thyssen und Stinnes. Diesem Trupp Arbeiter hat man bei der Werbung gesagt, sie sollten auf einer Fabrik beschäftigt werden. Auf der langen Fahrt von Ostpreußen nach Westpreußen sind sie auf eine ganz erbärmliche, hundsgemeine Weise, kann man sagen, ernährt worden, sie haben unterwegs schwer Hunger leiden müssen. Als sie ins Ruhrgebiet kamen, mutete man ihnen zu, unterirdische Grubenarbeit zu verrichten. ... Es ergibt sich aus der Statistik des Knappschaftsvereins, daß schon im Jahre 1904 von den 278000 Ruhrbergarbeitern 88700 aus dem östlichen Deutschland stammen und außerdem beinahe 18000 Ausländer herangelockt sind. Die Kameraden sind zum großen Teil frivol betrogen worden von den Zechenagenten. (Hört! hört! bei den Sozialdemokraten.) Wenn Sie wissen wollen, wie diese Leute einlogiert, wie sie behandelt, wie sie bezahlt werden, dann bitte ich, machen Sie eine Anreise zum Ruhrgebiet – allerdings nicht eine Reise wie die berühmte Untersuchungskommission vom preußischen Landtag.“

Das Plakat aus dem Jahr 1908, mit dem Masuren für den Bergbau im Rheinland rekrutiert wurden, ist im Original nicht erhalten geblieben. Viele Historiker haben Inhalte daraus zitiert und übernommen, mitunter mit Übertragungsfehlern behaftet. Uneinheitlich wird „in rein ländlicher“ oder „in rheinländischer Ge-

[28] Horst Siebel und Alexander Brandenburg: Der Wortlaut des „Aufrufs an die Masuren“, in: Der Anschnitt, 32. Jg. (1980), Nr. 5-6, S. 282 ff. Vgl. Juventa Fischer-Eckert, Li: Die wirtschaftliche und soziale Lage der Frauen in dem modernen Industrieort Hamborn im Rheinland, Stracke, Hagen i. Westf. 1913, S. 61, Bergarbeiter-Zeitung, Nr. 32, Bochum, 8. August 1908.

gend“ geschrieben, der Aufruf wird gelegentlich irrtümlich in das Jahr 1887 gelegt.

In der von Ludwig Thoma und Hermann Hesse herausgegebenen Münchner Wochenschrift „März“ heißt es zu diesem und anderen Werbeaufrufen: „Hier wird wieder einmal nach berühmten Mustern die Werbetätigkeit der Zechen um fremde Arbeiter bestritten, dadurch aber leider nicht beseitigt. Denn daß sie ausgiebig geübt wird, dafür sind die Berichte der Königl. preußischen Regierungs- und Gewerberäte ein ebenso deutlicher Beweis, wie z. B. die Plakate, die man in den Gastwirtschaften östlicher Dörfer ausgehängt hat. Eines davon lautet:

‚Masuren !

In rein ländlicher Gegend, umgeben von Feldern, Wiesen und Wäldern, den Vorbedingungen guter Luft, liegt, ganz wie ein masurisches Dorf, abseits vom großen Betrieb des westfälischen Industriegebietes, eine reizende, ganz neu erbaute Kolonie der Zeche ‚Viktor‘ bei Rauxel.‘“

Die Kolonie bestehe vorläufig aus über 40 Häusern und werde später auf etwa 65 Häuser erweitert werden. In jedem Hause seien nur vier Wohnungen, zwei oben, zwei unten.

Im Folgenden wurden in dem Aufruf die Vorzüge der Kolonie in glänzenden Farben geschildert, dann die kurzen Wege zur Arbeit und die im Juni 1908 gezahlten durchschnittlichen Löhne angegeben (die höher waren als die im Osten), darunter für Lehrhäuer im ersten Jahr 5,50 Mark, für Häuer im Gedinge 6,35 Mark usw., und schließlich hinzugefügt: „Entlassungen masurischer Arbeiter werden außer im Falle grober Selbstverschuldung nicht vorkommen.“[29]

Interessant ist, dass der masurischen Bevölkerung eine räumliche Trennung von „Polen, Westpreußen usw.“ in Aussicht gestellt wird. Gelockt wurde mit einer eigens hergestellten vorbildlichen Infrastruktur. Außerdem gehe es nicht um das Weglocken aus der Heimat: „Die Zeche will keinen aus der Heimat weglocken, auch keinen seinen jetzigen Verhältnissen entreißen, sie will nur solchen ordentlichen Menschen, die in der Heimat keine Arbeit oder nur ganz geringen Verdienst haben, helfen, mehr zu verdienen und noch extra zu sparen, damit sie im Alter nicht zu hungern brauchen. Vorgetäuscht wird durch dieses Plakat nichts; es beruht alles auf der Wahrheit.“

Ganz am Schluss erfährt der Betrachter des Werbe-Aufrufes an die Masuren Näheres zur konkreten Abwicklung vor Ort: „Wer sich die Angelegenheit reiflich überlegt hat, sage dies seinem Wirt, bei dem das Plakat aushängt. Dieser schreibt dann an Herrn Wilhelm Royek in Harpen bei Bochum. Es werden dann in kurzer Zeit zwei Herren erscheinen, die das Nähere bekanntgeben werden.

[29] März – Eine Wochenschrift, gegründet von Albert Langen, Herausgeber: Ludwig Thoma und Hermann Hesse, Sechster Jahrg., Bd. I, München 1912, S. 215; Richard Maschke: Boykott, Sperre und Aussperrung. Eine sozialrechtliche Studie, G. Fischer, Jena 1911, S. 200. Noch vor Ausbruch des Ersten Weltkriegs (1914–1918) wurde vom Zechenverband eine Arbeitsvermittlungsstelle für Bergarbeiter errichtet, bei welcher die Arbeitswerber jene Zechen in Erfahrung bringen konnten, welche Arbeiter suchten.

Jeder besorge sich gleich seine Papiere, Arbeitsbuch und Geburtsschein (Militärbuch genügt nicht). Diese Papiere werden von den beiden Herren gleich mitgenommen. Später kommt dann ein Beamter der Zeche, um die sich Meldenden abzuholen, da die Wohnungen erst Ende September bezogen werden können."

Stanisław Wachowiak (1890–1972), später Abgeordneter der Polnischen Verfassungsgebenden Nationalversammlung (1920–1922) und des Sejms (1920–1924), dann Wojewode von Pommern (1924–1926), legte im Jahr 1916 seine Inaugural-Dissertation über die Polen in Rheinland-Westfalen vor. Darin ist der vollständige „Masurenaufruf" zu lesen.[30]

Das Thema der Anwerbung durch Agenten wurde wiederholt im Reichstag behandelt. Erwähnenswert sind die Bemühungen des Zentrumsabgeordneten und christlichen Metallarbeiterfunktionärs Johannes Giesberts (1865–1938), der anhand des Masuren-Aufrufs die Praxis des Anwerbens am 4. November 1908 im Reichstag thematisierte. Stenographisch wurde sein Redebeitrag erfasst: „Der Umstand, daß hier hauptsächlich fremde Arbeiter auf den Listen stehen, berechtigt zu der Schlußfolgerung: aus dem Ausland und aus den östlichen Provinzen des Reiches werden zahlreiche Arbeiter in das Bergrevier hineingelockt, die über die Schwere der Arbeit gar nicht orientiert sind. Sie werden durch große Plakate, die in den Wirtschaften von den Zechenbesitzern ausgehangen sind, dazu verleitet", heißt es 1909 in den Verhandlungen des Reichstags (S. 5252, 153. Sitzung, Sitzung vom 4. November 1908). Weiter heißt es über eine laufende Anwerbeaktion in den Masuren:

„Meine Herren, das Vorgehen der Zechenbesitzer mittels ihrer schwarzen Listen ist um so verwerflicher, als sie alle möglichen und unmöglichen Mittel anwenden, um fremde Bergleute in die Reviere hineinzulocken. Ich habe hier das Original eines Plakates, welches in den östlichen Provinzen in den Gastwirtschaften ausgehängt wird, und auf dem die allergoldensten Versprechungen für die Arbeiter und die Arbeitsverhältnisse im Industriegebiete gemacht werden. Dieses Plakat wendet sich an die Masuren und wird folgendermaßen eingeleitet: In rein ländlicher Gegend, umgeben von Feldern, Wiesen und Wäldern, den Vorbedingungen guter Luft, liegt ganz wie ein masurisches Dorf abseits vom großen Getriebe des westfälischen Industriegebietes eine reizende, ganz neu erbaute Kolonie der Zeche ‚Viktor' bei Rauxel. – Wer schon diese Einleitung liest, könnte glauben, es handle sich nicht um ein Arbeiterdorf, sondern um irgend einen schönen Landaufenthalt ähnlich wie in der Schweiz, so angenehm und schön wird es den Leuten dargestellt. Allerdings suchen ja die Zechenbesitzer in der neueren Zeit die Wohnungen besser auszugestalten als früher. Das kommt auch hier zum Ausdruck. Es wird den Leuten gesagt: Die Decken sind 3 Meter hoch, die Länge bezw. Breite des Fußbodens beträgt über 3 Meter. – Und dann wird den Leuten in Aussicht gestellt, daß sie in diesen Wohnungen Kostgänger halten können. Es heißt nämlich: Außerdem vergütet die Zeche für jeden Kostgänger monatlich 1 Mark. Da in

---

[30] Stanislaus Wachowiak: Die Polen in Rheinland-Westfalen, Inaugural-Dissertation, Borna-Leipzig 1916, S. 11–13. Mit kleinen orthographischen Abweichungen vollständig übertragen in: Władysław Chojnacki: „Wychodźcy mazurscy w zachodnich Niemczech" (Masurische Auswanderer in Westdeutschland vor dem Ersten Weltkrieg), in: Przegląd Zachodni (Instytut Zachodni) Nr. 12, Poznań 1956, S. 310–339, hier: S. 337.

einem Zimmer 4 Kostgänger gehalten werden können, wird die Miete also in jedem Monat um 4 Mark geringer."

In der 13. Sitzung des Hauses der Abgeordneten am 13. Januar 1909 sprach der Abgeordnete Giesberts noch einmal zum Thema, und zwar unter dem Tagesordnungspunkt „Interpellation und Anträge, betr. die Linderung der Arbeitslosigkeit": „Ich nenne den Namen der Zeche, für welche diese Propaganda gemacht worden ist: es ist die Zeche ‚Viktor' bei Rauxel." Der national-liberale Abgeordnete Wilhelm Haarmann (Altena) (1845–1924), von 1905 bis 1919 Mitglied des Provinziallandtags der Provinz Westfalen sowie Stadtverordneter in Dortmund und Mitglied des Bergausschusses Westfalen, entgegnete: „Der Herr Kollege Giesberts hat mir den Vorwurf gemacht, daß ich gesagt haben sollte, er habe hier Behauptungen aufgestellt, für die er den Beweis schuldig geblieben sei. Dabei muß ich bleiben: das ist so; denn wenn Herr Kollege Giesberts im Reichstag ein Plakat auf den Tisch legt, so ist das für dieses Haus kein Beweis."[31]

Im Zusammenhang mit der Tätigkeit der Werber war damals noch von einem weiteren Plakat die Rede, das einen Ruthenen abbildete, der in Deutschland beschäftigt war, „mit einem riesig großen Sack voll Geld – es standen Millionen Mark darauf. In der Weise suchen sie die Leute aus ihrer Heimat herauszulocken und zur Arbeit in Oberschlesien herbeizuziehen."[32]

In der 7. Sitzung des Hauses der Abgeordneten am 22. Januar 1910 (S. 523) wurde dann noch einmal vom Abgeordneten Heinrich Imbusch (Zentrum) (1878–1945) zum Thema ausgeführt:

„Damals ist von der Zeche Viktor bei Kastrop ein Plakat in Ostpreußen verbreitet worden, in welchem in den verlockendsten Farben das Arbeiterleben in dem rheinischen-westfälischen Industriebezirk geschildert wird. Man hat es den dortigen Arbeitern, den Masuren, so dargestellt, als ob das Industrierevier sich nicht von den rein ländlichen Bezirken in Ostpreußen unterscheide. Der Inhalt des Plakates ist viel zu umfangreich, sonst würde ich dasselbe verlesen. Ich will hier nur darauf hinweisen, daß man in ihm sogar behauptet hat, wer im Ruhrrevier sparsam wäre, könnte es sehr leicht auf einige Tausend Mark Ersparnisse bringen, und daß man weiter darin sagt, durch das Halten von Kostgängern könne ein sehr guter Nebenverdienst erworben werden."

[31] Stenographische Berichte über die Verhandlungen des Preußischen Hauses der Abgeordneten, Preußische Verlagsanstalt, 1909, S. 935.

[32] Die Ruthenen waren ein Bergvolk im Bereich der nördlichen Karpaten. Bei der letzten ukrainischen Volkszählung bezeichneten sich 10000 Bewohner der ukrainischen Karpaten selbst als Ruthenen. Einzelne Vertreter dieser Volksgruppe, die aus verschiedenen Stämmen besteht, nennen allerdings sehr viel höhere Zahlen. Als „Erwecker des ruthenischen Volkes" wurde der griechisch-katholische Priester Oleksandr Duchnovyč (1803–1865) bekannt. Vgl. Ivan Žeguc: Die nationalpolitischen Bestrebungen der Karpato-Ruthenen, 1848–1914, Veröffentlichungen des Osteuropa-Institutes, München 1965.

Zeche Rheinelbe in Gelsenkirchen. Undatierte Postkarte, ca. 1913.
Digitale Sammlung Blazek

Zeche Consolidation I-VI in Gelsenkirchen. Undatierte Postkarte, ca. 1916.
Digitale Sammlung Blazek

Fallbeispiel: Johann Błach, Gelsenkirchen-Hüllen

Vor der Wende vom 19. zum 20. Jahrhundert entwickelte sich die deutsche Industrie so schnell, dass die Zechen des rheinisch-westfälischen Industriegebiets den Kohlenbedarf der Industrie und der Haushalte allein mit den einheimischen Bergleuten nicht mehr decken konnten. Die Bergwerksgesellschaften schickten deshalb Agenten in die deutschen Ostgebiete, die in Veranstaltungen und durch Aushängen von Plakaten kräftige Männer dazu bringen sollten, sich für westfälische Zechen als Bergleute zu verdingen. Sie versicherten den Männern, den Umzug zu organisieren und die Kosten für die weite Bahnfahrt vorzuschießen. Johann Błach, Ururgroßvater des Verfassers, ging auf das Angebot ein und ließ sich für die Gießerei in Hüllen bei Gelsenkirchen anwerben.

Der Arbeiter Johann Błach aus dem westpreußischen Lunau war einer von vielen. Er kam in den ersten Maitagen des Jahres 1895 im Alter von 47 Jahren mit seiner zweiten, wesentlich älteren Ehefrau Jola/Julianna, geb. Barz, den Söhnen aus erster Ehe Johann, Franz und Josef sowie der Tochter aus erster Ehe Maria mit der Industrialisierung nach Hüllen bei Gelsenkirchen, um dort besseres Geld zu verdienen, als es auf dem Land in seiner Heimat möglich war.[33]

In Westpreußen hat er der besitzlosen oder nur mit Kleinstbesitz ausgestatteten Landarbeiterklasse angehört. Geboren wurde er am 4. April 1848 im westpreußischen Dorf Bobau (Kreis Preußisch Stargard, heute Bobowo), dem Stammort seiner Vorfahren väterlicherseits, und auf den Namen Johann Blazek getauft. In (Adl.) Rauden (heute Rudno) bei Pelplin heiratete er 1873 Marianna Sakowska. Sie war im Dorf Magd, er Knecht. Beide zogen anschließend ins benachbarte Raikau und bekamen drei Söhne, eine Tochter und zuletzt den kleinen Leo, der bereits mit einem Jahr starb. Ein langes Eheglück blieb dem Paar nicht beschert. Die Ehefrau und Mutter Marianna starb 1886 41-jährig in Lunau (heute Suchostrzygi), nicht weit vom Kreissitz Dirschau entfernt, wo die Familie hingezogen war, heute ein Stadtteil von Tczew. Im nächsten Jahr starb das jüngste Kind der fünf Geschwister, Leo.

Johann Błach blieb vermutlich selten lange sesshaft und wanderte auf dem Gebiet der ethnokulturellen Region Kociewie zwischen Dirschau und Pelplin von Arbeitsstelle zu Arbeitsstelle, von Hufe zu Hufe. Sein Wirkungskreis erstreckte sich im Schwerpunkt um die Dörfer um Pelplin herum. Als Knecht genoss er zwar freie Wohnung und Verpflegung beim Dienstherrn, seine Wohnung war aber traurig, und sein Schlafplatz befand sich in einem abgeschlagenen Winkel des Stalles oder in einer Hürde zwischen den Hälften eines Stalles.[34]

---

[33] Vgl. Stefan Goch: Jüdisches Leben. Verfolgung – Mord – Überleben. Ehemalige jüdische Bürgerinnen und Bürger Gelsenkirchens erinnern sich, Klartext, Essen 2004, S. 130.

[34] Es gibt Hinweise darauf, dass seine Ahnen ursprünglich im anderthalb Autostunden entfernten Prechlau/Przechlewo (Westpreußen) beheimatet waren. Das örtliche Kirchenbuch weist verschiedene Blazeksche Geburten um 1700 aus: * 16.03.1670 Anna, * 31.07.1705 Adam, * 15.06.1708 Jacob, * 08.12.1715 Andreas. Es falle auf, so der Ahnenforscher Hubert Zischewski gegenüber dem Verfasser, dass der Name ab 1720/1750 in Prechlau verschwunden sei. Da auch keine Beerdigungen zu Blazek (auch in ähnlicher Schreibweise) in Prechlau

Westpreußen ist eine überaus interessante wie auch problematische Region Ostmitteleuropas: Die mehrfach wechselnde staatlich-politische Zugehörigkeit seit dem Mittelalter bis in unsere Zeit sowie die ethnische, nationale und kulturelle Vielschichtigkeit machen diese Region „zwischen Deutschen und Polen" zu einem Paradigma der komplizierten deutsch-polnischen Beziehungen. Hunderte von Fotografien aus Familienarchiven aus der Zeit von ca. 1890–1900 vermitteln einen Eindruck vom Leben und der Arbeit im Ablauf der Jahreszeiten auf den westpreußischen Gütern. Dargestellt sind vor allem die Gutsbesitzer, ihre Familien und die auf dem betreffenden Gut beschäftigten Inspektoren, Arbeiter und Bediensteten beim Verrichten von Arbeiten und bei Festlichkeiten.[35]

Gewiss trat der Hirt Johann Błach die etwa 1000 Kilometer lange Reise nach Westfalen mit weiteren Familien an. Die Werbung der Bergwerksgesellschaften und Hüttenwerke war auch in seinem Dorf angekommen. Bereits seit Ende der 1870er Jahre hatten rheinisch-westfälische Großindustrielle Arbeiter aus Ost- und Westpreußen, Schlesien und Polen für den Bergbau angeworben.

Johann Błach scheint zwar mit Kind und Kegel die Segel in Lunau gestrichen zu haben; aber es war wohl doch keine Gruppenmotivation oder -dynamik. Nachbarschaft und Freundes- und Verwandtenkreis verblieben im westpreußischen Kreis Preußisch Stargard. Dahinter steckte offensichtlich vor allem die Berufsperspektive für die Söhne: ein Neuanfang in Westdeutschland.

Aus Lunau migrierten zu jener Zeit auch die Eheleute Bergmann Johann und Anna Nitzkowsky, geborene Schwitalla, Tochter des zu Lunau verstorbenen Arbeiters Johann Schwitalla und seiner zu Günigfeld lebenden Ehefrau Susanna, geb. Lakreschewsky. Das Paar hatte seine Wohnung im Haus Hützenstraße 42 in Bulmke gefunden, wo Anna Nitzkowsky aber laut Eintrag des Standesbeamten Thalheim zu Bulmke am 5. Oktober 1899 46-jährig starb. Vermutlich kannte man sich.

Johann Błach ging auf die 50 zu, für ihn war der Ortswechsel nicht mehr so bedeutend; aber seinen teils volljährigen Söhnen bot er eine sichere berufliche Perspektive. Für den 1. Mai 1895 vermeldet das Melderegister die Ankunft der Blazek-Sippe, die die neue Heimat mit dem Familiennamen Błach betrat.

In Hüllen lebte die Familie Błach in einer Zechenkolonie, die Anschrift lautete Kirchstraße 2. Das Adressbuch für das Amt Bismarck konnte den lateinischen Buchstaben „ł" des polnischen Alphabets nicht korrekt darstellen, sodass der Zugereiste (1899) als „Blach Johann, Fabrikarb., Kirchstraße 2" eingetragen

vorhanden seien, könne das darauf hindeuten, dass die Familie „weitergezogen" sei. Über die Landarbeit in den deutschen Ostprovinzen vgl. Wilhelm Grumach: „Die Lage der Landarbeiter in Westpreußen", in: Die Neue Zeit (= NZ) 27.1909, S. 887–896.

[35] Polen, Deutsche und Kaschuben. Alltag, Brauchtum und Volkskultur auf dem Gut Hochpaleschken in Westpreußen um 1900 / Polacy, Niemcy i Kaszubi: Życie codzienne, obyczaje i kultura ludowa w Prusach Zachodnich ok. 1900 r. Eine Ausstellung des Herder-Instituts Marburg und des Brüder-Grimm-Museums Kassel, 1997–1998.

wurde.[36] Bald nach der Ankunft in Westfalen wurde ein Namenswechsel vollzogen. Aus Błach wurde uneinheitlich Blaschek/Blazek, in der Vergangenheit übrigens bereits gebräuchliche Namensvariationen im Hause.[37] Der Name Blaschek blieb bis 1946 verhaftet. Einzig und allein Johann Błach jun., der als Fuhrunternehmer Arbeit fand, behielt seinen Geburtsnamen bei. Von einer Namensänderung, sonst ja nicht unüblich, sah Johann – gewiss mit Blick auf die hohen Gebühren – ab.[38]

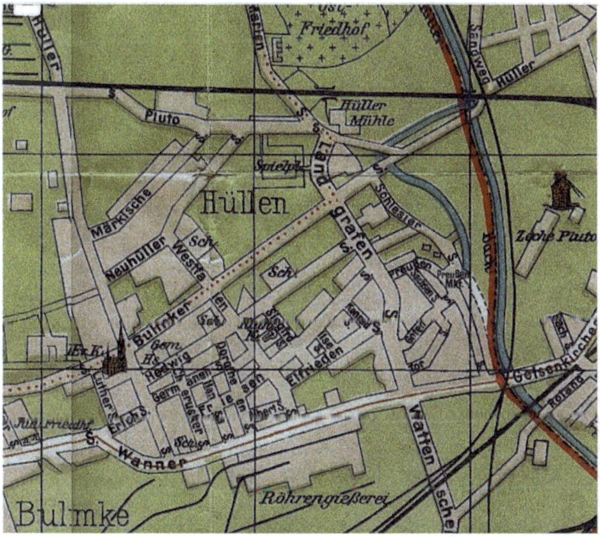

Gelsenkirchen: Hüllen, Ortsplan-Ausschnitt von 1925. Digitale Sammlung Blazek

Seine Arbeit fand Johann Błach in einer zum Schalker Gruben- und Hüttenverein gehörenden großen Gießereianlage, deren Betriebsführer Albert Eckenberg (1857–1916) war. Über die Wohnverhältnisse in der Kolonie, die gewiss nur bedarfsgerecht waren, hygienische Begebenheiten, den Umgang mit den sprachli-

---

36 Eintrag im Adressbuch für das Amt Bismarck („Adreß-Buch für das Amt Bismarck i. W., umfassend die Gemeinden Bismarck, Bulmke u. Hüllen“, 1899, Druck und Verlag von Ferd. Golüke, Bismarck i. W.), S. 219 (Bertram-Booth):
Blach Johann, Fabrikarb., Kirchstraße 2
Blanke Wilhelm, Landwirth, Ringstraße 95
Blaschek Franz, Fabrikarb., Kirchstraße 8
" Johann, Fabrikarbeiter, Kirchstraße 8
Hüllen zählte damals, laut der vorne im Adressbuch abgedruckten Personenstands-Aufnahme für 1899, 5065 Einwohner (nach der Aufnahme für 1898/99 noch 4616 Personen).

37 Sohn Johann Blaschek jun., der als Fuhrunternehmer arbeitete und 1901 mit seiner Frau Franziska und dem Neugeborenen Johann ins Haus Neustr. 17 in Hüllen umzog, kehrte wieder zu seinem Geburtsnamen Błach zurück.

38 Stadtarchiv Gelsenkirchen Ge 1459: Ausführung des Gerichtsverfassungs-Gesetzes vom 27. Januar 1877 im Hinblick auf die zu bildenden Schöffengerichte, enthält u.a.: Übermittlung der Zahl der Polen und Masuren in Gelsenkirchen an das Königliche Landgericht Essen wegen dortiger Überlegungen zur Einstellung eines polnischen Dolmetschers, 1890 (Laufzeit: 1879–1918).

chen Barrieren, das Lesevermögen, das gesellschaftliche Umfeld und ein politisches Engagement ist nichts bekannt.

Gelsenkirchen: Hüllen, Schalker Gruben- und Hüttenverein (später Rheinstahl-Hüttenwerke AG), Menage an der Wannerstraße, um 1908. Nach dem Bau der Röhrengießerei wurden viele neue Arbeitskräfte gesucht, die auch in neuen Wohnungen untergebracht werden mussten. So entstand auch diese Arbeitersiedlung direkt neben dem Hof Hüllen, dessen Dach man auf dem Bild noch sehen kann. Es ist möglich, dass das Gebäude nach dem Verkauf auch als Arbeiterwohnraum genutzt wurde und ein Schreiner, der 1901 verstarb, dort seine Wohnung hatte, aber auf dem „Hüller Werk", wie es im Volksmund hieß, arbeitete. Als Menagenverwalter gibt das Adressbuch des Amtes Bismarck von 1899 Bernhard Elsen im Haus Wannerstaße 37 an. Digitale Sammlung Blazek

In den Häusern an der Kirchstraße in Hüllen wohnten fast ausschließlich Familien von Fabrikarbeitern und Bergmännern. Und der Tod war in allen Häusern allgegenwärtig. Seinen Tribut forderte er in erster Linie unter den Kleinsten und Jüngsten. Menschen, wie der Lehrer Theodor Busemann in Bulmke, mussten (1897/98) gar mehrfach den schweren Gang zum Standesamt antreten. Am 6. Oktober 1897 erschien der Häusler Johann Deisenroth, Kirchstr. 8 in Hüllen, auf dem Standesamt in Bulmke, um die bei seiner Frau Amalie, geb. Ernst, evangelischer Konfession, am selben Tage gegen 15 Uhr zuhause erfolgte Niederkunft eines toten Kindes anzuzeigen. Am 1. Dezember 1898 erschien der Bergmann Julian Broszkiewicz, Kirchstr. 8 in Hüllen, auf dem Standesamt in Bulmke, um anzuzeigen, dass Helene Theresia, Tochter von ihm und seiner Frau Bertha, geb. Londkowski, katholischer Konfession, am selben Tage gegen 8 Uhr im Alter von einem Monat und 16 Tagen zuhause gestorben sei. Am 19. Oktober 1900 erschien der Maurer Gustav Quoß, Kirchstr. 8 in Hüllen, auf dem Standesamt in Hüllen, um anzuzeigen, dass Franz Quoß, Sohn von ihm und seiner Frau Auguste, geb. Gribowski, evangelischer Konfession, am Vortag gegen 23 Uhr im Alter von einem Jahr und 8 Monaten zuhause gestorben sei. Am 6. März 1901 erschien der Platzarbeiter Michael Walkowiak, Kirchstr. 8 in Hüllen, auf dem Standesamt in Hüllen, um anzuzeigen, dass die zu Czichowo geborene Marianna Walkowiak, Tochter von ihm und seiner Frau Marianna, geb. Jankowiak, katholischer Konfession, am selben Tage gegen 6 Uhr im Alter von acht Jahren zuhause gestorben sei.

Überhaupt erscheint der Grad der (Klein-)Kindersterblichkeit unter den Fabrikarbeiter- und Bergmannsfamilien in den Häusern an der Kirchstraße in Hüllen vergleichsweise hoch gewesen zu sein. Die weit überwiegende Mehrheit dieser Kinder hatte bereits in den Zechenkolonien das Licht der Welt erblickt.

Der aus der weiten Ferne zugereisten Familie Johann Blaschek blieben solche schlimmen Schicksalsschläge vorerst erspart. Die Kinder waren bereits aus dem Gröbsten heraus, gründeten selbst bald ihre eigenen Familien. Alle waren von Krankheiten nicht betroffen und gingen tagein, tagaus ihrer Arbeit nach, um sich ihr täglich Brot zu verdienen.

Johann Blaschek selbst war als „Reichsinvalider“ (im Gegensatz zum „Berufsinvaliden“) im Haus seines ältesten Sohnes untergebracht. Er starb 52-jährig am 7. April 1900. Am gleichen Tag wurde sein Sohn auf dem Standesamt Bulmke vorstellig. Gegenüber dem Standesbeamten Thalheim zeigte der Fuhrmann Johann Blaschek, wohnhaft in Hüllen, Hermannstr. 24, an, dass sein im gleichen Hause wohnender Vater morgens um 9 Uhr verstorben sei (Bild rechts). Sein Vater, dessen Familienname auch mit „Blaschek“ notiert wurde, sei zu Bobau im Kreis Preußisch Stargard geboren und mit der zu Dirschau verstorbenen Maria, geborene Sakowski, verheiratet gewesen. Über die Eltern des Verstorbenen wusste Johann Blaschek jun. nichts. Am Schluss der Zeile wurde notiert: „Der Anzeigende erklärte[,] aus eigener Wissenschaft von vorbezeichnetem Sterbefall unterrichtet zu sein.“

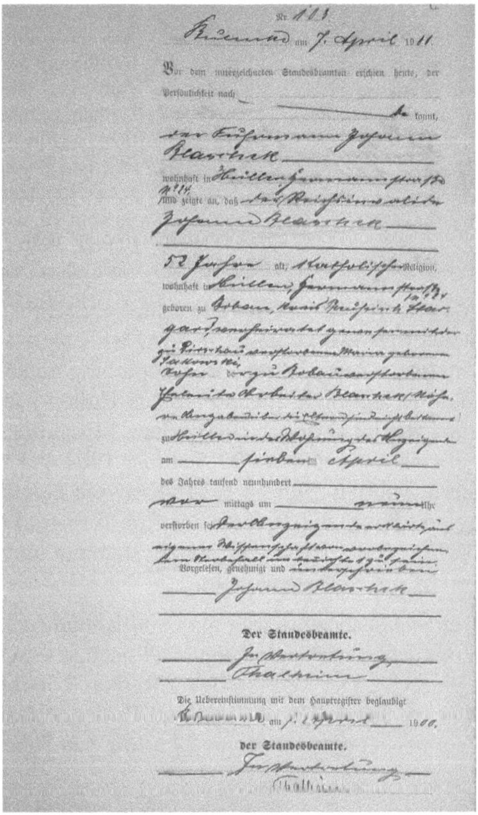
Vor dem unterzeichneten Standesbeamten erschien heute, der Persönlichkeit nach

Vorgelesen, genehmigt und

Der Standesbeamte.

Die Uebereinstimmung mit dem Hauptregister beglaubigt

Der Standesbeamte.

(Foto: Digitale Sammlung Blazek)

Wenig später, nach dem 5. Juli 1900, nahm der Standesbeamte in Bulmke, Thalheim, keine Sterbefälle mehr aus Hüllen im laufenden Sterbe-Neben-Register auf. Sein Kollege Geyger führte fortan für Hüllen ein eigenes Sterberegister. Tatsächlich hatte das Aufkommen der Sterbefälle in Bulmke und Hüllen ein spürbar hohes Maß erreicht.

Am 8. August 1900 starb frühmorgens um 1:30 Uhr im Haus Kirchstr. 8 in Hüllen der ein Jahr alte Paul Wisniewski, Sohn des Fabrikarbeiters Johann Wisniewski und seiner Ehefrau Maria, geb. Guziewska, katholischer Konfession. Das Haus war die erste Adresse der Familie Blazek bei ihrer Ankunft im Jahr 1895. Johann Wisniewski und Josef Blazek waren mehr als nur Arbeitskollegen.

Mit dem Bau von St. Barbara in Essen-Kray nach den Plänen des Architekten Josef Kleesattel (1852–1926) wurde 1894, sieben Jahre nach der Gründung eines Bauvereins, begonnen. Als erster Pfarrer war in St. Barbara von 1897 bis zu seinem Tod im Jahr 1927 Msgr. Dechant Wilhelm Claßen tätig. Die Einführung von Wilhelm Claßen als erstem Pfarrer der neu gegründeten katholischen Pfarre in Kray erfolgte durch Pfarrer Matthias Büssem (1834–1914) von Steele. Claßen war zuvor Rektor und Vikar in Steele gewesen, aber auch Ehrenvorsitzender des Bauvereins. Über die Einführung berichtete die Essener Volks-Zeitung 34 vom 19. November 1901 (HdEG: DZA 915,2). Wilhelm Claßen lieferte den Grundriss für ein neues Pfarrhaus in Kray in Anlehnung an den Grundriss des Pfarrhauses der Marien-Pfarre in Oberhausen. Über seine Beisetzung berichtete die Essener Volks-Zeitung 60 vom 13. und 18. August 1927 (HdEG: DZA 915,8). Pfarrer Wilhelm Ströter wurde in St. Barbara sein Nachfolger. Sammlung Blazek

Als Albert Eckenberg 1898 zum Fabrikdirektor der neu gegründeten Westdeutschen Eisenwerke A.-G. in Kray bei Essen a. d. Ruhr ernannt und ihm dadurch eine neue Aufgabe und Verantwortung zuteil wurde, folgten ihm offensichtlich viele Belegschaftsangehörige aus Hüllen nach. Darunter war Josef Blazek, der zunächst im Oktober 1900 seinen Militärdienst in Hagenow (Mecklenburg) angetreten hatte und am 22. Februar 1904 in Kray angemeldet wurde. Er heiratete am 6. Februar 1905 in Essen-Kray ein deutsches Mädchen, das er dort kennengelernt hatte, die Tochter des Rohrformers Franz Wendt namens Marta, die gebürtig aus der Nähe von Danzig stammte und im Haus Eisenstraße 3 (heute Dutzendriege) in Kray wohnte.[39]

Der Standesbeamte trug als Familiennamen Blazek ein, bei der Unterschrift des Bräutigams wurde entsprechend nachgebessert, Marta unterschrieb sogleich mit „Blazeck“. Der Fabrikarbeiter Roman Wieczorek, 24 Jahre, der mit dem Fabrikarbeiter Josef Blazek im Haus Frillendorfer Str. 83 wohnte, und der Anstreichermeister Johann Mohr, 28 Jahre, aus Schonnebeck, bezeugten die Eheschließung.

---

[39] Das auf halber Strecke zwischen Essen und Wattenscheid gelegene Dorf Kray mit seinen 18 Höfen und 299 Einwohnern (um 1850) war Schauplatz für die Entstehung und Entwicklung der Zeche Bonifacius. Josef Blazek wurde am 15. Dezember 1879 in Raikau geboren. Getauft wurde er am 21. Dezember, die Taufpaten waren Johann Baranoska und Mariana Sasztkowa. Seine Schwiegereltern, Franz Wendt und Therese, geb. Ziehm, die in Wonneberg (heute Gdańsk-Ujeścisko), dem Wohnort der Familie Ziehm, am 23. Dezember 1881 geheiratet hatten, waren von Bulmke nach Kray gekommen.

Die Eheleute zogen in der Folgezeit nach Mülheim an der Ruhr, wo 1910 das jüngste Kind des Paares, Franz, zur Welt kam. Wohl wegen der polnischen Vergangenheit war von Johann Blaschek und Josef Blazek, dessen Frau 1950 in Celle (Niedersachsen) starb, nach 1945 keine Rede mehr. Über ihre Sterbejahre herrschte Unklarheit. Josef Blazek kehrte auch nicht nach Westpreußen zurück, wie gemutmaßt wurde.[40] Er starb laut polizeilicher Meldung am 8. Mai 1919 im Alter von nur 39 Jahren auf der Zeche Vereinigte Welheim in Bottrop, die von 1913 bis 1931 im „größten Dorf Preußens" betrieben wurde. Dieser traurige Umstand wurde nicht weitergegeben.

Familienfoto, 1916/17. Es zeigt den in Westpreußen am 15. Dezember 1879 geborenen Josef Błach, der wie sein Vater als Fabrikarbeiter arbeitete, allerdings wieder unter dem neuen Familiennamen Blazek, nebst Ehefrau Marta, geb. Wendt (* 13. November 1883 in Schüddelkau, Kreis Danziger Höhe), und den Kindern Änne und Franz (hinten rechts). Ein drittes Kind, Anneliese, war noch nicht geboren. Foto: Matthias Blazek

Der Bau der Zeche Welheim brachte für den Ortsteil Boy-Welheim eine vollständige Umwälzung. Postkarte Sammlung Matthias Blazek

[40] Nachdem Kray während der Industrialisierung Zuzugsgebiet gewesen war, wanderten während der Depression der 1920er Jahre Krayer in die USA oder nach Brasilien, meist in die Gegend um Porto Alegre, aus.

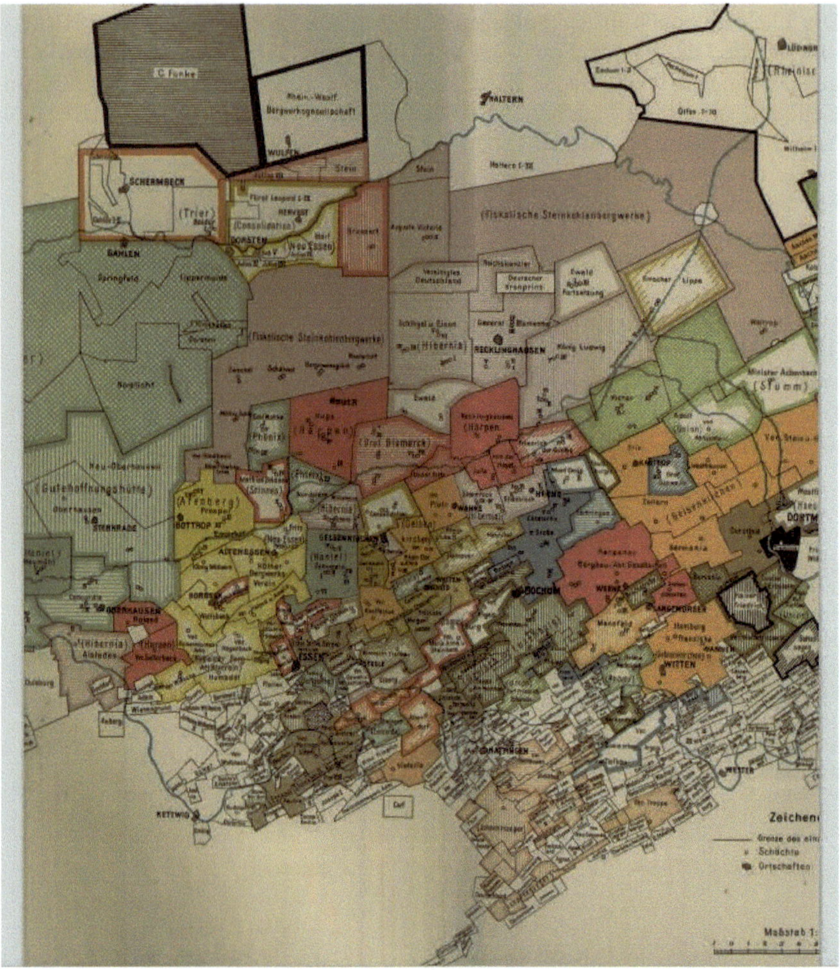

Detailgetreue Karte, auf der die Bergwerke im Raum Essen-Gelsenkirchen-Recklinghausen mit Grenzen, Schächten und Ortschaften farbig voneinander abgehoben abgebildet sind, in: Ernst Jüngst, wie oben, Essen 1908. Digitale Sammlung Blazek

Die Lage der Landarbeiter in den preußischen Ostprovinzen

Dr. Wilhelm Grumach, zunächst praktischer sozialdemokratischer Landarzt in Riesenburg im Kreis Preußisch Holland/Westpreußen, ab 1905 Stadtarzt in Berlin-Friedrichshain, zuletzt (vor seiner Deportation nach Auschwitz) in Bickenbach an der Bergstraße in Südhessen wohnhaft, hat sich in verschiedenen umfangreichen Beiträgen in der Zeitschrift „Die Neue Zeit" um 1910 intensiv mit der Lage der Landarbeiter in den deutschen Ostprovinzen in der Zeit um 1900 befasst. Hervorzuheben sind seine Beiträge „Die Lage der Landarbeiter in Westpreußen" (Die Neue Zeit, 27. Jahrgang/2. Band Nr. 51, ausgegeben am 17. September 1909, S. 887–893) und „Landflucht und Leutenot" (Die Neue Zeit, 29. Jahrgang/2. Band Nr. 48, ausgegeben am 1. September 1911, S. 776 ff.).[41]

Die Lage der Landarbeiter in Westpreußen.

Von Dr. Wilhelm Grumach.

Dem großen proletarischen Befreiungskampf stehen noch 6 bis 7 Millionen Landproletarier fast vollkommen fern, und ihre auch nur teilweise Gewinnung würde einen gewaltigen Schritt vorwärts bedeuten zu unserem Ziele, der Erringung der politischen Macht. Denn die Agrarier sind in ihrer Produktion von dem dauernden guten Willen ihrer Arbeiter viel mehr abhängig; gegen eine geschlossene sozialistische Arbeitermasse wären sie machtlos. Aber nur auf Grund genauer Kenntnis der Lage der Landarbeiter kann eine geeignete Agitation in die Wege geleitet werden. Da nun über Westpreußen, das klassische Land der Großagrarier, das Land der Herren v. Oldenburg-Januschau und anderer, eine zusammenfassende Schilderung nicht existiert, will ich sie im nachstehenden liefern. Vielleicht habe ich dazu eine besondere Berechtigung dadurch, daß ich in mehr als vierzehnjähriger Tätigkeit als Landarzt die dortigen Verhältnisse, die großen Leiden und bescheidenen Freuden der Landarbeiter kennen gelernt habe.

Man kann die dortigen Landarbeiter nach der Art ihres Einkommens und ihrem Verhältnis zum Landbesitzer in drei Gruppen einteilen: Instleute, Hausgesinde und Freiarbeiter. Dazu kommen noch die Ernte- und Rübenarbeiter, welche in Westpreußen aber fast nur Ausländer sind.

Instleute oder Deputanten sind Arbeiter, welche, gewöhnlich verheiratet, mit ihrer ganzen Familie in einer vom Grundbesitzer gestellten Wohnung wohnen und ihren Lohn nur zum geringsten Teil in Geld, zum größten Teil in Naturalien beziehen. Gewöhnlich werden sie auf ein Jahr durch schriftlichen Kontrakt verpflichtet. Sie sind die ständigen Arbeiter der Gutsbesitzer oder der größten Bauern.

Das Einkommen eines solchen Instmanns anzugeben, ist nicht ganz leicht, und zwar schon deshalb, weil er für dasselbe meist nicht nur seine eigene Arbeitskraft zu liefern hat, sondern noch eine zweite, einen sogenannten Scharwerker. Das kann ein Familienangehöriger sein oder, wenn ein solcher nicht verfügbar ist, ein Fremder, ein Gemieteter. Der Ausgebeutete wird also, um leben zu können, wieder gezwungen, auszubeuten. Dieses Institut des Scharwerkers hat für den Grundbesitzer mannigfache Vorteile: Erstens hat er für

„Dem großen proletarischen Befreiungskampf stehen noch 6 bis 7 Landproletarier fast vollkommen fern, und ihre auch nur teilweise Gewinnung würde einen gewaltigen Schritt vorwärts bedeuten zu unserem Ziele, der Erringung der politischen Macht." Dr. Wilhelm Grumach, 1909 (Einleitung). Digitale Sammlung Blazek

---

[41] Grumach, Wilhelm, * 02.12.1865 in Preußisch Holland, Deportation: Auschwitz, Todesdaten: 26.01.1943. Vgl. Christine Fischer-Defoy, Christiane Hoss: Vor die Tür gesetzt: im Nationalsozialismus verfolgte Berliner Stadtverordnete und Magistratsmitglieder 1933–1945, Verein Aktives Museum, Berlin 2006, S. 208.

Die Lage der Landarbeiter in Westpreußen.[42]

Von Dr. **Wilhelm Grumach.**

Dem großen proletarischen Befreiungskampf stehen noch 6 bis 7 Millionen Landproletarier fast vollkommen fern, und ihre auch nur teilweise Gewinnung würde einen gewaltigen Schritt vorwärts bedeuten zu unserem Ziele, der Erringung der politischen Macht. Denn die Agrarier sind in ihrer Produktion von dem dauernden guten Willen ihrer Arbeiter viel mehr abhängig; gegen eine geschlossene sozialistische Arbeitermasse wären sie machtlos. Aber nur auf Grund genauer Kenntnis der Lage der Landarbeiter kann eine geeignete Agitation in die Wege geleitet werden. Da nun über Westpreußen, das klassische Land der Großagrarier, das Land der Herren v. Oldenburg-Januschau und anderer, eine zusammenfassende Schilderung nicht existiert, will ich sie im nachstehenden liefern.[43] Vielleicht habe ich dazu eine besondere Berechtigung dadurch, daß ich in mehr als vierzehnjähriger Tätigkeit als Landarzt die dortigen Verhältnisse, die großen Leiden und bescheidenen Freuden der Landarbeiter kennen gelernt habe.

Man kann die dortigen Landarbeiter nach der Art ihres Einkommens und ihrem Verhältnis zum Landbesitzer in drei Gruppen einteilen: Instleute, Hausgesinde und Freiarbeiter. Dazu kommen noch die Ernte- und Rübenarbeiter, welche in Westpreußen aber fast nur Ausländer sind.

Instleute oder Deputanten sind Arbeiter, welche, gewöhnlich verheiratet, mit ihrer ganzen Familie in einer vom Grundbesitzer gestellten Wohnung wohnen und ihren Lohn nur zum geringsten Teil in Geld, zum größten Teil in Naturalien beziehen. Gewöhnlich werden sie auf ein Jahr durch schriftlichen Kontrakt verpflichtet. Sie sind die ständigen Arbeiter der Gutsbesitzer oder der größten Bauern.

Das Einkommen eines solchen Instmanns anzugeben, ist nicht ganz leicht, und zwar schon deshalb, weil er für dasselbe meist nicht nur seine eigene Arbeitskraft zu liefern hat, sondern noch eine zweite, einen sogenannten Scharwerker. Das kann ein Familienangehöriger sein oder, wenn ein solcher nicht verfügbar ist, ein Fremder, ein Gemieteter. Der Ausgebeutete wird also, um leben zu können, wieder gezwungen, auszubeuten. Dieses Institut des Scharwerkers hat für den Grundbesitzer mannigfache Vorteile: Erstens hat er für die bekanntlich schwierige Beschaffung einer solchen zweiten Arbeitskraft nicht selbst zu sorgen, zweitens braucht er für einen Instmann mit Anhängsel natürlich nicht so viel zu bezahlen wie für zwei voneinander unabhängige Arbeiter, drittens sieht dadurch der Lohn eines Instmanns verhältnismäßig groß aus, und viertens veranlaßt er dadurch den Instmann, seine Kinder möglichst zu Hause zu behalten,

[42] Die Neue Zeit. Wochenschrift der deutschen Sozialdemokratie. (Onlinefassung). URL: http://library.fes.de/nz/ (letzter Zugriff am 07.12.2020).

[43] Elard von Oldenburg-Januschau (1855–1937), Großgrundbesitzer, Politiker, Rittergutsbesitzer auf Januschau (Westpreußen), Vertreter der ostelbischen Grundbesitzer und als Konservativer, dann Deutschnationaler Mitglied des Deutschen Reichstags (1902–1912, 1930–1933), 1893–1918 Vorsitzender des Bundes der Landwirte in Westpreußen.

wodurch sie sich dann leichter dort später verankern lassen. Gehen mehrere Familienmitglieder zur Arbeit, so wird die Naturalienlieferung etwas erhöht und der kleine Taglohn für jede Person zugegeben. Also eine Ausbeutung in dritter und vierter Potenz.

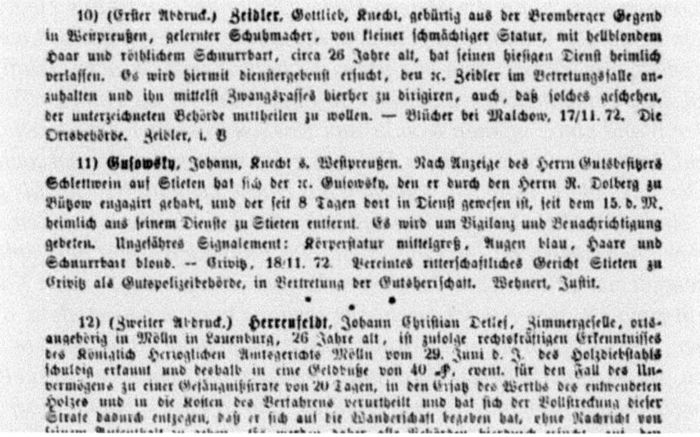

10) (Erster Abdruck.) **Zeidler**, Gottlieb, Knecht, gebürtig aus der Bromberger Gegend in Westpreußen, gelernter Schuhmacher, von kleiner schmächtiger Statur, mit hellblondem Haar und röthlichem Schnurrbart, circa 26 Jahre alt, hat seinen hiesigen Dienst heimlich verlassen. Es wird hiermit dienstergebenst ersucht, den rc. Zeidler im Betretungsfalle anzuhalten und ihn mittelst Zwangspasses hierher zu dirigiren, auch, daß solches geschehen, der unterzeichneten Behörde mittheilen zu wollen. — Blücher bei Malchow, 17/11. 72. Die Ortsbehörde. Zeidler, i. V.

11) **Gusowsky**, Johann, Knecht a. Westpreußen. Nach Anzeige des Herrn Gutsbesitzers Schlettwein auf Stieten hat sich der rc. Gusowsky, den er durch den Herrn R. Dolberg zu Bützow engagirt gehabt, und der seit 8 Tagen dort in Dienst gewesen ist, seit dem 15. d. M. heimlich aus seinem Dienste zu Stieten entfernt. Es wird um Vigilanz und Benachrichtigung gebeten. Ungefähres Signalement: Körperstatur mittelgroß, Augen blau, Haare und Schnurrbart blond. -- Crivitz, 18/11. 72. Vereintes ritterschaftliches Gericht Stieten zu Crivitz als Gutspolizeibehörde, in Vertretung der Gutsherrschaft. Wehnert, Justit.

* * *

12) (Zweiter Abdruck.) **Herrenfeldt**, Johann Christian Detlef, Zimmergeselle, ortsangehörig in Mölln in Lauenburg, 26 Jahre alt, ist zufolge rechtskräftigen Erkenntnisses des Königlich Herzoglichen Amtsgerichts Mölln vom 29. Juni d. J. des Holzdiebstahls schuldig erkannt und deshalb in eine Geldbuße von 40 ₰, event. für den Fall des Unvermögens zu einer Gefängnißstrafe von 20 Tagen, in den Ersatz des Werths des entwendeten Holzes und in die Kosten des Verfahrens verurtheilt und hat sich der Vollstreckung dieser Strafe dadurch entzogen, daß er sich auf die Wanderschaft begeben hat, ohne Nachricht von

Westpreußen – Gesucht werden die Knechte Gottlieb Zeidler und Johann Gusowsky, die sich heimlich aus ihrem Dienst entfernt haben. Der Wächter. Polizeiblatt für Mecklenburg. Fünfunddreißigster Jahrgang. Schwerin, am 20. November 1872, S. 405. Digitale Sammlung Blazek

Der Taglohn ist lächerlich niedrig. Im Sommer werden meist 50 Pfennig, im Winter 40 Pfennig gegeben, auf anderen Stellen bei geringerer Naturallieferung 60 und 50 Pfennig für jede Person. Bezahlt werden dabei 250 bis 300 Arbeitstage. In der Ernte wird für Sonntagsarbeit bezahlt, aber auch nur dann; die gewöhnlichen am Sonntag zu leistenden Arbeiten (wie zum Beispiel Füttern) werden nicht besonders vergütet; diese Arbeit gilt als durch die Naturalien genügend entlohnt. Herr Arendt-Labiau hat in der Reichstagssitzung vom 19. Februar dieses Jahres sogar die lächerliche Behauptung aufgestellt, die Landarbeiter ständen dadurch besser als die städtischen Arbeiter, weil erstere doch auch den Sonntag bezahlt bekämen, nämlich durch die Naturalien, in die alles einbegriffen sei![44]

Das Interessanteste von allem ist jedenfalls die dem Instmann gestellte „Wohnung". In bezug auf diese hat nämlich einen Tag später der Reichstagsabgeordnete Kleye (nationalliberal) zu sagen gewagt: „Die Wohnungen auf dem Lande (will heißen: Arbeiterwohnungen) werden immer luxuriöser. Jetzt bekommt schon jede Wohnung eine eigene Küche. Bald gibt es auch ein Wasserklosett."[45] *Als ob eine Küche ein Luxus wäre – vorausgesetzt schon, Herr K.*

---

[44] Der konservative Abgeordnete Leberecht Arendt (1837–1910) war Beamter und Domänenpächter und seit 1907 Mitglied des Deutschen Reichstags, von 1862 bis 1883 Gutsbesitzer in Langallen, Kreis Ragnit, seit 1884 Königlicher Domänenpächter und Oberamtmann in Spannegeln, Kreis Labiau.

[45] Karl Kleye (1854–1923) war Landwirt und im Zeitraum 1908–1918 Mitglied des Deutschen Reichstags.

hätte recht. Den ganzen Hohn dieser Worte ahnt der Fernstehende gar nicht. Man gestatte mir deshalb, auf die Wohnung näher einzugehen: Durch eine rohe Brettertür, welche wir durch einen Druck auf eine eiserne Zunge oder gar durch Zug an einer Schnur geöffnet haben, treten wir in einen Raum von 4 bis 5 Metern im Geviert und 2¼ bis 2½ Metern Höhe. Der Fußboden ist aus Ziegeln oder trockenem Lehm, die Wände roh getüncht, die Decke die leere Balkenlage, eventuell getüncht. Ein Fenster von höchstens 1 Quadratmeter Fläche, häufig nicht zu öffnen, läßt ein spärliches Licht hinein. Links oder rechts von der Tür sehen wir in der Wand einen offenen Kamin zum Kochen, darunter eine Vertiefung in der Wand, in welcher hinter einem Holzgitter im Winter die Hühner sich befinden. In der Ecke ein Ungeheuer von Ofen aus rohen Ziegeln. Wer jemals gespürt hat, wie ein heißer Ziegel duftet, kann sich die Art von Wärme vorstellen, welche ein solcher Ofen ausströmt. An einer Stelle des Fußbodens sieht man eine Reihe zusammengelegter Bretter, und hebt man die auf, so sieht man in den Kartoffelkeller, ein etwa 1½ Meter tiefes Loch. Der erdige Dunst der Kartoffeln, die häufig keimen, strömt dauernd in die Stube. Das Meublement ist entsprechend: Roher Tisch, vierbeinige Schemel, bestenfalls Holzstühle, primitive Holzbettgestelle mit zweifelhaften Betten, ein Geschirregal. Durch eine schmale niedrige Tür kommt man in die Kammer, einen schmalen Raum mit ganz kleinem Fenster, in dem alles durcheinander liegt: Säcke mit Naturalien, Kleider, Schuhwerk, eine Tonne gärenden Sauerkohls, ein Pökelfaß usw. und ein bis zwei Bettgestelle, in denen zu zweien oder gar dreien Kinder oder erwachsene Söhne schlafen. Und das nennt Herr Kleye eine luxuriöse Wohnung! Und dabei habe ich bis jetzt schon die luxuriöse Wohnung geschildert, wie sie auf ordentlichen Gütern aussieht. Meist ist sie bei weitem schlechter: Die Brettertür schließt nicht, das Fenster ist zerbrochen und mit Papier verklebt, der Fußboden ist ausgetreten, der Lehm zerbröckelt, die Bretter des Kartoffelkellers nicht aneinander passend. Was es heißt, in einer solchen „Wohnung" wohnen, weiß nur derjenige, der es durchgemacht hat, und allenfalls derjenige, der wie ich hin und wieder gezwungen war, darin eine Nacht zuzubringen.

Eine K ü c h e habe ich, außer bei den Honoratioren der Instleute, bei Stellmachern, Schmieden und Kutschern, nirgends gesehen oder vielmehr nur auf einem Gut, das aber kein Gut war, sondern ein Gestüt. Oder nennt Herr Kleye Küche vielleicht jenen kleinen gußeisernen Ofen, der in der Stube steht, in den Kamin sein Abzugsrohr sendet und so groß ist, daß ein Topf darauf stehen kann?

Wasserklosett? Es gibt überhaupt kein Klosett.

Und in einer solchen Wohnung lebt, nein, vegetiert eine zahlreiche Familie. Sechs Kinder sind das gewöhnliche, acht und zehn keine Seltenheit; der westpreußische Landarbeiter ist eben sehr fruchtbar.

Wie übrigens die A g r a r i e r s e l b s t über ihre Instwohnungen urteilen, wenn sie nicht im Reichstag sprechen, geht aus folgendem hervor: Ein aus Sachsen zugezogener Gutsbesitzer sagte mir einmal beim Verlassen einer solchen Wohnung: „In Sachsen würde ich nicht gewagt haben, einem Arbeiter eine solche Wohnung anzubieten. Aber hier ist's ja überall so."

Die Naturalien, das Deputat, besteht aus ein bis zwei Morgen Land, Weide- und Winterfutter für eine Kuh, Brennholz (meist Strauch und Kloben), einer Reihe von Zentnern Roggen, Gerste, Hafer, Erbsen und, wenn der Instmann keine Kuh hat, einigen Litern Voll- oder Magermilch. Allerdings rechnen sich die Agrarier noch immer als Verdienst an, daß die Instleute Schweine und Hühner halten können und sich durch Verkauf von Ferkeln, jungen Hühnern, Eiern eine Zubuße verschaffen. Doch das ist ein Jongleurkunststück. Die Instleute oder ihre Frauen und Kinder haben die volle Mühe davon und müssen die Tiere aus ihrem Deputat füttern, es ist also ein Betrieb, der die Agrarier gar nichts angeht.

Fragt man nun einen Agrarier, wieviel Einkommen so ein Instmann alles in allem in Geld ausgedrückt hat, so wendet er eine eigentümliche Berechnung an: von dem Lande rechnet er den Ertrag, während er doch nur den eventuellen Pachtpreis rechnen dürfte, weil der Instmann zwar mit den Arbeitsmitteln des Agrariers, aber doch mit eigener Hand meist in seiner freien Zeit das Land bearbeitet und aberntet; das Getreide rechnet er nach dem augenblicklichen Börsenpreis. Aber auch so kommt eine nicht sehr große Summe zusammen, vielleicht 850 Mark jährlich für zwei Arbeitskräfte, für jeden also 425 Mark; stellt der Instmann noch einen zweiten Scharwerker zur Arbeit, so wird das Verhältnis noch ungünstiger. Die Deputanten höheren Grades, Stellmacher, Schmied, Kutscher, haben etwas mehr, die Hirten etwas weniger. Den Verdienst der Frau und der Kinder kann man nur so einrechnen wie etwa beim Industriearbeiter.

Die Lebensweise der Instleute ist selbstverständlich sehr einfach. Die gelieferten Naturalien, Brot, Erbsen, Kartoffeln und Milch, sind die Hauptnahrungsmittel. Dazu kommen die Gemüse, die sie selbst ziehen: Weißkohl, Kohlrüben, Mohrrüben. Gekauft werden Heringe und Fische. Fleisch gibt es fast nur am Sonntag, und zwar von selbstgeschlachteten Schweinen.

Das Hausgesinde, unverheiratete Knechte und Mägde, mehr die ständigen Arbeiter der Bauern, bekommen einen Geldlohn von jährlich 200 bis 300 Mark und freie Wohnung und Verpflegung beim Dienstherrn. Mit der Verpflegung soll es gehen, da das Hausgesinde von dem Tische, wenn auch nicht am Tische des Bauern gespeist wird. Die Wohnung aber ist traurig. Die Knechte schlafen in einem abgeschlagenen Winkel des Stalles oder in einer Hürde zwischen den Hälften eines Stalles, die Mägde in Bodenkammern. Verpflichten müssen sie sich auf ein Jahr.

Die Freiarbeiter stehen eigentlich am besten da. Sie wohnen in gemieteter Wohnung im Dorfe oder besitzen selbst eine Hütte mit einem bis zwei Morgen Land. Sie arbeiten nur auf Tagelohn und verpflichten sich fast nie auf längere Zeit. Ihr Lohn, der fast nur Geldlohn ist, beträgt im Winter 1,20 bis 1,50 Mark, im Sommer bis 2,50 Mark. Während der Ernte werden sie auch noch verpflegt, aber nur im Interesse der Besitzer, damit sie nämlich nicht zu lange von der Arbeit wegbleiben. Ihr Einkommen dürfte wohl um 900 Mark herum sein oder etwas höher, und ihre Lebenshaltung ist demgemäß eine bessere als die der Instleute. Jedenfalls essen sie bedeutend mehr Fleisch.

Die rechtliche Stellung dieser drei Kategorien ist nicht gleich. Bekanntlich stehen die Landarbeiter unter zwei Ausnahmegesetzen: 1. der Gesindeordnung und 2. dem Gesetz vom 24. April 1854, welches ihnen den Streik zur Erlangung günstigerer Lohn- und Arbeitsbedingungen verbietet. Diese beiden Gesetze machen die Landarbeiter zu Sklaven der Grundbesitzer. Die Freiarbeiter stehen nur unter dem Gesetz Nr. 2, sicher aber nicht unter der Gesindeordnung. Ob die Instleute der Gesindeordnung unterstehen, ist zweifelhaft, für Stellmacher und Schmiede ist die Frage neuerdings gerichtlich in negativem Sinne entschieden, sicher aber findet auf sie das Gesetz von 1854 Anwendung. Sollte aber auch die Gesindeordnung keine Geltung für sie haben – sie wohnen in einer ihrem Dienstherrn gehörigen Wohnung und bewegen sich auf einem dem Dienstherrn gehörigen Terrain, haben also keine Bewegungsfreiheit. Unter steter Beobachtung stehen sie, ob mit Recht oder Unrecht, jedenfalls. Das Hausgesinde steht sicher unter beiden Gesetzen, ist also rechtlich am wenigsten frei. Mangel an Bewegungsfreiheit und Kontrolle sind dieselben wie bei den Instleuten.

Die Ernte- und Rübenarbeiter sind in Westpreußen fast ausnahmslos Ausländer, kommen also für unsere agitatorische Tätigkeit nur insoweit in Betracht, daß sie durch Lohndrücken das Los der einheimischen Arbeiter verschlechtern. Ich lasse sie also beiseite, obwohl ihre Besorgung, ihre Unterkunft, Behandlung, rechtliche Stellung viel des Interessanten bietet.

Ebenso ließe sich über sehr häufige Frauenarbeit (Melken, Waschen) und Kinderarbeit (Rübenverziehen, Kartoffellesen usw.) manches Interessante berichten, es würde aber zu weit führen.

Die oben geschilderten Einkommensverhältnisse der Landarbeiter, besonders der für eine längere Zeit verpflichteten, erscheinen um so kläglicher, wenn man gegenüberstellt, was sie dafür zu leisten haben. Daß Landarbeit, Pflügen, Mähen usw. ungemein schwer ist, das ist ja jedem bekannt. Dabei haben die Landarbeiter eine Arbeitszeit, welche fast an die schlimmsten Zeiten der englischen Textilindustrie erinnert. Im Sommer, und zwar nicht nur in der Ernte, beginnt die Arbeit um 4 Uhr und dauert bis Sonnenuntergang, längere Zeit hindurch bis 9 Uhr; das macht unter Abrechnung der einstündigen Mittagspause und einer kurzen Frühstücks- und Vesperpause 15, ja 16 Stunden. Selbst im Winter ist die Arbeitszeit noch immer von 6 bis 6 Uhr, also 11 Stunden. Daher kommt es, daß die Landarbeiter früh altern; besonders auffällig ist das bei den Mädchen, welche nach einer kurzen Blüte früh welk werden, und bei den Frauen, welche schon in jungen Jahren das Aussehen alter Frauen annehmen.

Die Behandlung ist ja in den letzten Jahren wegen der tatsächlich vorhandenen Leutenot eine bessere geworden, aber immer noch schlecht genug. Die Anrede geschieht mit „Ihr", und zwar spricht man mit den Landarbeitern gewöhnlich in einem Tone, als ob alle taub wären. Ermunterungen mit dem Stock und der Peitsche kommen noch immer vor, trotzdem das Recht dazu nach dem Bürgerlichen Gesetzbuch aufgehoben ist. Zwei- oder dreimal hatte ich auch Veranlassung, über die Fragen roher Behandlung Atteste auszustellen, natürlich zum großen Unwillen der Besitzer, die im Ernst meinten, ich hätte unrecht damit getan.

Besonders charakteristisch ist die Behandlung des Landarbeiters in kranken Tagen. Bekanntlich besteht auf dem Lande eine Krankenkasse nur für die Gutshandwerker; die übrigen müssen, wenn sie nicht zum Hausgesinde gehören und deshalb nach der Gesindeordnung Anspruch auf Versorgung haben, solches erst kontraktlich vereinbaren. Und da habe ich denn auch auf einer Reihe von Gütern gesehen, daß man nicht einmal den Arzt zu bezahlen übernahm und eventuelle Arztkosten den Arbeitern von dem kärglichen Lohne abzog. Arzneien werden nie bezahlt. Vor Krankenhauskosten drückt man sich möglichst, selbst bei Hausgesinde zieht man sie häufig vom Lohne ab – und die Leute müssen es sich gefallen lassen, obwohl es ungesetzlich ist.

Ist aber eine gesetzliche oder kontraktliche Verpflichtung des Grundbesitzers vorhanden, so wird zum Arbeiter der Arzt geholt, denn der Arbeiter soll ja bald wieder in Arbeit kommen, Frauen und Kinder der Arbeiter aber läßt man bis zum äußersten warten. Infolgedessen sieht man nirgends so viel verschleppte Fälle, besonders verschleppte Entbindungen, wie auf dem Lande; sie sind sicher nicht bloß durch die weiten Entfernungen und den dadurch verursachten Zeitverlust zu erklären. Zu Bauerngesinde wird der Arzt sehr selten geholt; bestenfalls schleift man die Kranken in die Sprechstunde. Ein Bauer bekam es sogar fertig, seinen schwerkranken bewußtlosen Knecht abends über die Dorfgrenze zu fahren und dort abzuladen. Man fand ihn am nächsten Morgen, brachte ihn uns ins Krankenhaus, und er starb nach einigen Tagen, ohne daß wir feststellen konnten, woher er war.

Alkoholismus ist unter den Landarbeitern sehr verbreitet, doch scheint er nicht so stark zu sein, daß er die Leute verwüstet; ich habe unter den Landarbeitern Delirium tremens selten gesehen, bedeutend häufiger bei Bauern und kleinstädtischen Handwerkern, eigentümlicherweise besonders bei Schuhmachern.

Die geschlechtliche Moral der Landarbeiter ist keine strenge: jedes Mädchen von über 15 Jahren hat ihren Schatz, natürlich nicht nur zum Ansehen. Aber es ist das, möchte ich sagen, gar keine Unmoral, sie geben nur dem Naturtrieb nach; es fehlt das Raffinement, es fehlt die Käuflichkeit der Liebe.

Zudem sind sich die Paare auch treu, solange sie miteinander verkehren. Selbst die neuen Landpfarrer geben es darum bald auf, dagegen zu wettern. Ehebruch kommt unter den verheirateten Landarbeitern selten vor, desto häufiger bei den Bauern. Daß übrigens die jungen Arbeiterinnen von den Inspektoren, auch den Gutsbesitzern und Bauern als Freiwild betrachtet werden, ist allbekannt.

Die geschilderten Wohnungs- und Lebensverhältnisse erklären es, weshalb die Gesundheitsverhältnisse der Landarbeiter lange nicht so gut sind, wie man nach der „guten Landluft" gewöhnlich annimmt.

Es ist wohl sicher kein Zufall, daß Westpreußen und die anderen agrarischen Ostprovinzen die größte Sterblichkeit in ganz Preußen haben. Nach dem „Statis-

tischen Jahrbuch für das Deutsche Reich", 1908, S. 16, hatten im Jahre 1906 auf 1000 Einwohner:

Ganz Preußen	18,9 Sterbefälle
Westpreußen	21,4 "
Ostpreußen	20,8 "
Posen	20,2 "
Schlesien	22,8 "

Dagegen hatte das „stickige" Berlin nur 16,8 und selbst das industrielle Westfalen nur 18,3.

Verbrauchskrankheiten (vorzeitige Arterienverkalkung) und Gewerbekrankheiten kommen selten vor, stark aber leiden sie infolge des engen Zusammenwohnens und der schlechten Ernährung unter Infektionskrankheiten, die man nicht so leicht wieder herausbekommt, wenn sie einmal eingebrochen sind: Diphtheritis ist unter den Kindern ein häufiger Gast und fordert noch heute viele Opfer, ebenso Scharlach, der sich immer schnell und weit ausbreitet. Unter den Erwachsenen ist Typhus sehr häufig und zwar in einer Verbreitung und Schwere, wie man sie in der Großstadt kaum je sieht. Auf einem einzigen Gute von etwa 270 Einwohnern sah ich in einem Winter 28 schwere Typhusfälle, und das war auf einem Mustergut. Die Tuberkulose ist in Westpreußen seltener als fast im ganzen übrigen Preußen, aber ich hatte den Eindruck, als sei sie unter den Landarbeitern häufiger als in der Kleinstadt. Daß, wie ich es einmal bei einem Landarbeiter erlebte, die ganze Familie an Tuberkulose hinstarb, kommt in der Stadt nicht vor. Pocken sah ich nur bei Russen. Von leichteren Krankheiten war die Granulose, durch Russen eingeschleppt, häufig. Geschlechtskrankheiten aber kommen kaum vor; ich wenigstens habe nur einmal bei einem Landarbeiter Syphilis gesehen.

Chronisch kranke und invalide Arbeiter werden von Ort zu Ort geschoben, bis sie an ihrem Unterstützungswohnsitz ankommen, oder sie werden bestenfalls so lange zur Not verpflegt, bis der Unterstützungswohnsitz womöglich gerichtlich festgestellt ist. Ist der Unterstützungswohnsitz ein Gut, so hat es der Invalide verhältnismäßig leidlich, wenigstens bei einem menschlichen Gutsbesitzer: man steckt ihn in das Gutsspital und verpflegt ihn schlecht und recht. Ist es aber ein Dorf, dann geht es ihm meist schlimm, denn die Bauern drücken sich vor jedem Pfennig Kosten. Eine Wohnung bekommt er, natürlich eine recht elende; im übrigen verweist man ihn auf seine Invaliden- oder Altersrente. Diese Invalidenrente ist dem Dorfinvaliden geradezu zum Unsegen geworden! Früher mußten die Bauern den Invaliden unterhalten, jetzt sagen sie ihm: Du hast ja dein „Gehalt". Wie hoch das ist, weiß jeder. So steht denn jeder Dorfinvalide jetzt schlechter als vor Einführung des Invalidenversicherungsgesetzes.

Unter Unfällen haben die Landarbeiter nicht so zu leiden wie die Industriearbeiter, wenn auch seit Einführung der Maschinen eine erhebliche Zunahme eintrat. In der Industrie kamen auf 1000 Versicherte im Jahre 1906 („Statistisches Jahrbuch für das Deutsche Reich", S. 312) entschädigte Unfälle überhaupt 8,26, tödliche 0,63, in der Landwirtschaft 5,53 und 0,26. Aber der Land-

arbeiter steht dadurch schlechter, daß er eine bedeutend geringere Unfallrente bekommt. Als Jahresverdienst gilt der dreihundertfache ortsübliche Taglohn von meist 1,50 Mark, das sind 450 Mark; danach ist die Vollrente 300 Mark. Diese Vollrente wird aber bekanntlich sehr selten gegeben. Ich habe wohl an hundert Fälle begutachtet, wüßte aber nicht einen, in dem Vollrente gezahlt wurde, auch wenn ich Vollinvalidität feststellte. Sehr häufig wurde sogar im Verfahren zweiter Instanz der von mir angenommene Prozentsatz herabgesetzt. Ein besonderes Charakteristikum der ländlichen Unfallpraxis sind die häufigsten Kinderunfälle durch schlecht geschlossenes Göpelwerk und andere Maschinen.

Wichtiger fast als diese äußeren Verhältnisse der Landarbeiter Westpreußens sind ihre geistigen Eigenschaften. Da fällt zuerst ins Auge der niedrige Grad der Bildung. Lassen wir erst die Statistik reden. Im Jahre 1907 („Statistisches Jahrbuch für Preußen", 1908, S. 20) konnten von 1000 Eheschließenden, also Leuten von meistens 22 bezw. 25 Jahren („Statistisches Jahrbuch für das Deutsche Reich", 1908, S. 19) unter die Heiratsurkunde ihren Namen nicht unterschreiben:

Im Staatsdurchschnitt	8,2
In Berlin	1,7
In Westpreußen	43,2

Man könnte meinen, das käme daher, daß Westpreußen eine gemischtsprachige Bevölkerung hat, daß der Polonismus so ungünstig einwirke; daß das nicht der Fall ist, zeigt der Vergleich der Analphabetenzahl mit der der Anderssprachigen in den gemischtsprachigen Provinzen.

Westpreußen	hat etwa	35	Prozent	Anderssprachige,	43,2	Promille	Analphabeten
Schlesien	"	28	"	"	9,3	"	"
Ostpreußen	"	20	"	"	32,0	"	"
Posen	"	62	"	"	43,7	"	"

Besonders die Zahlen Schlesiens auf der einen, Posens auf der anderen Seite zeigen, daß der Polonismus mindestens eine untergeordnete Rolle spielt. Es ist eben glattweg mangelhafte Schulbildung.

Wie viele wird es geben, die ihren Namen nur zur Not schreiben können! Besonders in den gerichtlichen Voruntersuchungen, bei denen bekanntlich jede Aussage durch Namensunterschrift bekräftigt werden muß, habe ich oft genug beobachtet, was für ein schweres Geschäft diese Unterschrift für die Landarbeiter war. Was hilft aber eine Bildung, die zur Not in den Stand setzt, im Schweiße des Angesichts ein paar Buchstaben hinzumalen.

Man wird mich vielleicht nicht für berechtigt halten, für die Zahlen der Analphabeten gerade nur die Landbevölkerung verantwortlich zu machen. Aber man wird zugeben müssen, daß die Stadtbevölkerung überall gleich gebildet ist, daß sie also die Zahlen nicht beeinflussen kann. Daß auch nicht das Überwiegen der Landbevölkerung an sich die ungünstigen Zahlen zustande bringen kann, sieht man an dem Beispiel Pommerns. Es hat (sic!) nach der Volkszählung vom 1. Dezember 1905 58 Prozent Landbevölkerung gegenüber 54 Prozent im ganzen

Staate, dabei aber eine Analphabetenzahl, die bei 5 Promille unter dem Staatsdurchschnitt bleibt.

Schuldig an der mangelhaften Bildung sind die S c h u l v e r h ä l t n i s s e in Westpreußen. Den Lehrern will ich dabei keine Schuld geben, diese wackeren Männer leisten unter den ungünstigsten Bedingungen alles Erreichbare. Die Gründe liegen vielmehr in den Verhältnissen selbst: weite Wege zur Schule, so daß bei schlechtem Wetter der Schulbesuch unregelmäßig ist, Lehrermangel, Überfüllung der Klassen, Unterrichten aller Altersstufen in der gleichen Unterrichtsstunde, Unmöglichkeit häuslicher Arbeiten, Rücksicht auf die Wünsche der Agrarier bei Ansehung der Schulstunden und der Ferien, endlich die sehr verbreitete Kinderbeschäftigung beim Rübenbau, beim Kartoffellesen, als Hütekinder, wodurch sie der Schule häufig längere Zeit entzogen werden. Haben sie danach während der Schulzeit wenig gelernt, in der späteren Zeit nach dem Abgang von der Schule gibt es kaum eine Fortbildung. Im Fahre 1906 hat es für ganz Westpreußen nur 95 ländliche Fortbildungsschulen mit 1040 Schülern gegeben! Das Lesen geht etwas besser. Während und kurz nach der Schulzeit werden die Bücher der Schulbibliothek und der Kirchspielbibliothek gelesen, auch Zeitungen werden gehalten: die nächsten Käseblättchen, eine religiöse Zeitschrift, „Der Nachbar", und auch einmal eine politische Zeitung, meist „Der Gesellige", ein Blatt, das angeblich nationalliberal ist, jedoch häufig sich konservativ-agrarisch-antisemitisch gebärdet. Aber es bildet sich doch allmählich in den Familien die Gewohnheit heraus, daß ein Lesekundiger vorliest, während die anderen immer nur zuhören. Was aber wird in der Zeitung gelesen? Nur lokale Neuigkeiten, Mordgeschichten und die „Geschichte", anderes verstehen sie nicht.

Gar kein Verständnis, ja nicht einmal Interesse haben sie für politische und soziale Fragen. Leitartikel, Parlamentsberichte werden gar nicht angesehen. Ihr ganzes politisches Bedürfnis wird befriedigt durch den Hurrapatriotismus der Kriegervereine und der christlichen Arbeitervereine. Was ein Sozialdemokrat ist, wissen sie entweder gar nicht oder nur vom Hörensagen, durch den „gnädigen Herrn", den Inspektor, den Pfarrer. Wie wir da aussehen, kann man sich denken: die Märchenfigur mit dem Knotenstock und der Ballonmütze, ewig unzufrieden, ewig randalierend, vor allen Dingen arbeitsscheu.

Bei der Wahl haben die Landarbeiter keine eigene Meinung oder dürfen sie wenigstens nicht haben. Die ganze Gesellschaft wird wie eine Herde zur Wahl geleitet, vor dem Wahllokal werden ihnen die Stimmzettel gegeben, und dann werden sie bis zur Urne beobachtet. Ein Agrarier sagte mir einmal: „Ich möchte doch sehen, wer von meinen Arbeitern es wagen würde, einen anderen als den Stimmzettel abzugeben, den ich will." Das nennt man nicht Terrorismus!

Die Indolenz der Landarbeiter gegenüber ihrer Lage wurzelt erschreckend tief, besonders ihre K n e c h t s e l i g k e i t. Sie halten es für selbstverständlich, sie halten es für die göttliche Weltordnung, daß es Herren und Knechte gibt, denn Schule und Kirche lehren sie das; sie halten es für natürlich, daß der Herr auch einmal seinen Stock über ihnen schwingt oder sonst in brutaler Weise seine Her-

renrechte geltend macht. Bei geringen Mißhandlungen, Püffen und Stößen wird es keinem Landarbeiter einfallen, sich zu beschweren; die schweren Mißhandlungen übrigens geschehen unter vier Augen, so daß sie nicht beweisbar sind. In den polnisch gemischten Gegenden ist es in dieser Beziehung am schlimmsten: die Unterwürfigkeit, das Händeküssen ist da etwas ganz Gewöhnliches. Allerdings kommen dabei auch von seiten der Arbeiter brutale Ausbrüche der Wut vor, wenn das Maß übervoll ist; es sind aber weiter nichts als plötzliche Zornausbrüche und haben gewöhnlich bestimmte Veranlassungen, während gärende, dauernde Unzufriedenheit nicht zu merken ist.

Sie fühlen sich auch nicht als Ausgebeutete. Selbstverständlich gehen sie dorthin, wo sie den größten Lohn bekommen (was sie übrigens bei dem ganz verschiedenen Verhältnis der Naturalentlohnung nicht beurteilen können) und wo sie am besten behandelt werden. Aber sie haben keine Ahnung davon, daß sie Mehrwert schaffen, daß sie unbezahlte Arbeit leisten. Sie ahnen es auch noch nicht einmal dunkel. Selbst ihre schlechte wirtschaftliche Lage fühlen sie kaum. Sie halten es für selbstverständlich, daß die Herren Braten, sie selbst Hering und Kartoffeln und ähnliches essen. Auch das liegt bei ihnen in der göttlichen Weltordnung. Und dann ist es eine bekannte und in der menschlichen Natur begründete Erfahrung, daß man ein gleichmäßiges Elend, wenn es noch so groß ist, nicht so fühlt wie ein in vorübergehenden Stößen eintretendes. Das, was den Industriearbeiter immer wieder aufpeitscht, wenn er gleichgültig zu werden anfängt, die vorübergehende Arbeitslosigkeit infolge schlechter Konjunktur, besonders die Krise, gibt es bei dem Landarbeiter nicht. Es gibt wohl schlechte Ernten; die können das Einkommen des Landarbeiters, etwa infolge geringeren Ernteanteils, etwas verringern, aber arbeitslos auf die Straße werfen sie ihn nicht. Der Landarbeiter müßte also erst belehrt werden, daß seine Lage eine eines Menschen unwürdige ist.

Weiter kommt dazu ein schwer besiegbares Mißtrauen gegen alles Neue, gegen alles Fremde. Das Sprichwort: „Was der Bauer nicht kennt, das frißt er nicht", trifft in viel höherem Grade auf den Landarbeiter zu. Und gerade dasjenige, was wir ihm bringen wollen, der Sozialismus, wird ihm, soweit man es überhaupt für nötig hält, ihm davon etwas zu sagen, als Ausgeburt der Hölle, als tiefste moralische Verworfenheit geschildert. Wie weit übrigens die Kirche an solcher Art der Aufklärung beteiligt ist, weiß jedermann. Dieses Mißtrauen zu besiegen, muß unsere erste Aufgabe sein.

Wie groß ihr Solidaritätsgefühl ist, weiß ich nicht. So viel aber weiß ich, daß unter ihnen Zank und Streit häufig sind. Dabei spielt das weibliche Element eine große Rolle, teils als Veranlassung des Streites, teils als Beginn des Streites.

Nach diesen Ausführungen, welche zum größten Teile auf eigenen Beobachtungen beruhen, wird man sich ein Bild machen können von der elenden materiellen und geistigen Lage der Landarbeiter Westpreußens.

Bei unserer Agitation sind wir hier infolge der eigentümlichen Wohnungs- und rechtlichen Verhaltnisse, sowie wegen der geringen Bildung der Bevölke-

rung vor eine g a n z   n e u e   A u f g a b e *gestellt. Während es sich nämlich bei der großstädtischen und der Industriebevölkerung fast immer nur um den geistigen Inhalt der Agitation und das Geschick der Agitatoren handelte, das gegen die Propaganda selbst, das heißt die äußere Form der Agitation, außer während der Geltung des Sozialistengesetzes uns nie Schwierigkeiten bereitete, ist es hier fast umgekehrt. Hier tritt uns wenigstens zuvörderst die* S c h w i e r i g k e i t   d e r   P r o p a g a n d a *entgegen, mit anderen Worten, die Frage, wie wir rein äußerlich an die Landarbeiter und ihr Herz erst einmal herankommen. Ich möchte sogar sagen, daß die* F o r m   d e r   A g i t a t i o n s a r b e i t   d e r   s p r i n g e n d e   P u n k t   d e r   g a n z e n   F r a g e   d e r   L a n d a g i t a t i o n   i s t, *während der geistige Inhalt sich aus dem Elend dieser Leute und dem, das wir ihnen bringen, von selbst ergibt.*

Die besonderen Eigentümlichkeiten der Verhältnisse müssen uns zu neugestalteter und um so interessanterer Arbeit anreizen. Es lehrt ja die Erfahrung, daß äußere Schwierigkeiten, wie zum Beispiel das Sozialistengesetz, immer nur befruchtend gewirkt haben auf die Saat, die wir ausstreuten. So können wir denn hoffen, daß die Schlagkraft unserer Ideen und Ideale sich bald auch an den Landarbeitern erweisen wird.

----

* Vgl. Hans Freiherr v. Rosen: „Das Verhältnis zu den deutschen Arbeitern“, in derselbe: Bilanz – Das deutsche Gut in Posen und Pommerellen, Hameln 1972, S. 82–87. Hans von Rosen (1900–1999) war ein Autor, Diplomlandwirt und als Rittergutsbesitzer letzter Eigentümer von Grocholin, einem deutschen Gut in Posen. Als Bundessprecher führte er die Landsmannschaft Weichsel-Warthe in den Jahren 1959 bis 1969 und erneut von 1977 bis 1981.

* Wolfgang Neugebauer, Vom Kaiserreich zum 20. Jahrhundert und Große Themen der Geschichte Preußens, Walter de Gruyter, Berlin, New York 2001, S. 58, schreibt: „Durch die Binnenwanderung verloren die Provinzen Ost- und Westpreußen, Pommern, Posen und Schlesien bis 1907 über 2,3 Millionen Abwanderer und empfingen nur 358.000 Zuwanderer. Die Landarbeiter, die der Landwirtschaft in den Ostprovinzen dabei verloren gingen, wurden durch Saisonarbeiter aus Russisch-Polen und Österreich-Ungarn ersetzt.“

* Verbreitungsgebiet einer Hochzeitsbitterin, die sich bis in Details und komisch wirkende Nachahmung ihrem männlichen Kollegen anglich, war Nordostdeutschland. Mehrere Auskünfte liegen aus Westpreußen vor, wo die „Kästebeddersche“ bis zu Beginn des 20. Jahrhunderts als berufsmäßige Einladerin vorkam. Hans Bernhard Meyer (Hans B. Meyer, „Das Danziger Stadtbild bei Anton Möller“, in: Mitteilungen des Westpreußischen Geschichtvereins 34, 1935, S. 33–39) hält es nicht für ausgeschlossen, dass sie unmittelbare Nachfolgerin jener vom Danziger Maler Anton Möller (um 1563–1611) in seinem 1601 publizierten Frauentrachtenbuch dargestellten Umbitterinnen war. Quelle: Hermann Dettmer: Die Figur des Hochzeitsbitters. Untersuchungen zum hochzeitlichen Einladungsvorgang und zu Erscheinungsformen und Verbreitung einer Brauchgestalt. Frankfurt am Main, Bern 1976 (Artes Populares. Studia ethnographica et folkloristica 1), S. 138.

Polinnen-Vereine

Ab den 1870er Jahren wanderten immer mehr Polinnen ins Ruhrgebiet und nach Berlin. Die Zuwandernden arbeiteten in Industrie und Handwerk; Frauen vor allem als Dienstbotinnen oder Näherinnen, Männer im Ruhrgebiet im Bergbau.

Die Zuwanderer blieben unter sich, gründeten eigene Vereine, Zeitungen und Gemeinden – das weitverzweigte Netz der verschiedenen polnischen Vereine bildete das eigentliche Rückgrat des polnischen Organisationssystems im Ruhrgebiet. Dokumentiert ist das Vorhandensein einer Reihe von katholischen Polinnen-Vereinen im Ruhrgebiet in der Zeit des deutschen Kaiserreichs (1871–1918). Einer davon wurde am 3. Februar 1895 in Hüllen bei Gelsenkirchen gegründet. Die Vorstandsaufgaben wurden vorwiegend von Männern übernommen.

Das Protokollbuch des Katholischen Vereins der Polinnen des hl. Johannes (Katolickie Towarzystwo Polek pod patronatem św. Jana Ewangelisty) in Gelsenkirchen-Hüllen enthält auf 160 nicht nummerierten Seiten handschriftliche Eintragungen und Protokolle des polnischen Vereins des hl. Johannes aus Gelsenkirchen-Hüllen im Zeitraum 3. Februar 1895 bis Juli 1910, 33,5 x 22,5 cm, Gelsenkirchen-Hüllen, 1895. Das Protokollbuch gehört den Beständen des Bundes der Polen in Deutschland „Rodło" e. V. in Bochum an.

Die Gründung verlief offensichtlich so, wie in dem 1891 von dem polnischen Seelsorger Franz Liss (1855–1933) in Bochum gegründeten „Wiarus Polski" (Polnischer Kamerad) vorgegeben. Auch nahm man im Protokoll Bezug auf das wichtigste Zeitungsorgan für die Polen im Ruhrgebiet. Ziel des Vereins war u.a., „unter den Arbeiten polnischer Zunge den Geist der Ordnung und der guten Sitten zu fördern". Gewöhnlich übernahm der ortsansässige Priester den Geistlichen Vorsitz des Vereins, der dadurch in enge Beziehung zur Kirchengemeinde trat.[46] Die Vorsitzenden der Vereine waren meistens einfache Arbeiter, von denen ein großer Teil weder lesen noch schreiben konnte. Die Vereine nahmen an Prozessionen, aber auch an staatlichen Veranstaltungen mit Fahnen und Nationaltrachten teil und waren zunächst auch in das kirchliche Leben der deutschen Gemeinden eingebunden.

Sprawozdanie z. dnia 3.go Lutego 1895. roku

Rechenschaftsbericht vom 3. Februar 1895

Die Tagesordnung verfolgte das Ziel, die Katholische Gemeinde zum heiligen Johannes Evangelisten in Hüllen (Kath. Polsk. w Hüllen pod patronatem św. Jana Ewangelisty) zu gründen.

Po. 1. Bis halb vier hat die Versammlung gedauert, die von Herrn Jan Wisotzky anberaumt worden war. Danach sprach er die Worte „Gelobt sei Jesus Christus!" und rief die Versammlung auf, die neue Satzung zu beschließen. Sie sangen ein Lied: „Unter Ihrer Obhut".

[46] Im Jahre 1911 waren über 50 polnisch-sprechende Priester im Ruhrgebiet tätig.

Po. 2. Die Wahlen wurden durchgeführt. Als Vorsitzenden wählte die Versammlung einstimmig Herrn Jan Wisotzky. Dieser wählte dazu noch als Sekretär Herrn Franciszek Dömian aus sowie als seine Stellvertreter Stanisław Michałowski und Vicenti Paproski.

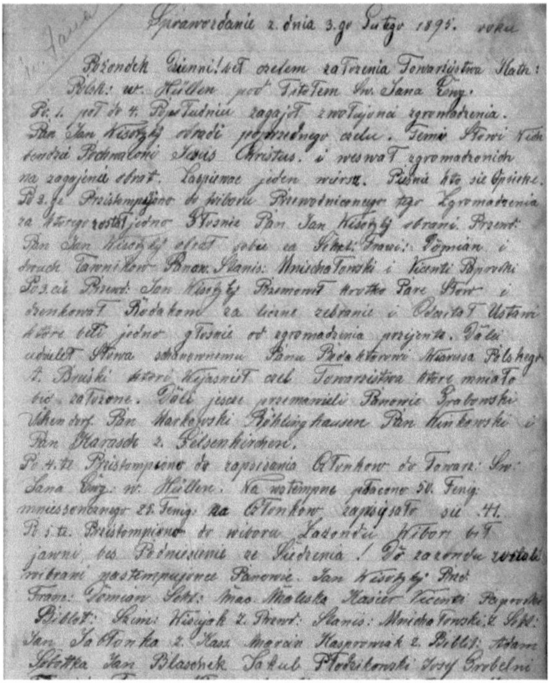
Sprawozdanie z. dnia 3.go Lutego 1895. roku

Sprawozdanie z. dnia 3.go Lutego 1895. roku / Rechenschaftsbericht vom 3. Februar 1895. Digitale Sammlung Blazek

Po. 3. Vorsitzender Jan Wisotzky sprach ein paar Worte und dankte seinen Landsleuten für das zahlreiche Erscheinen und verlas die neue Satzung, die von der Versammlung einstimmig angenommen wurde. Dann dankte er dem Herausgeber des „Wiarus Polski", Herrn A. Brejski, für das, was er über den Zweck des zu gründenden Vereins erklärt hatte. Danach sprachen noch Herr Grabowski Ückendorf, Herr Markowski Röhlinghausen, Herr Winkowski und Herr Karasch aus Gelsenkirchen.

Po. 4. Die Aufnahme der Mitglieder in die Katholische Gemeinde zum heiligen Johannes Evangelisten in Hüllen begann. Als Aufnahmegebühr wurden 50 Pfennig und 25 Pfennig als monatliche Gebühr bezahlt. 41 Mitglieder wurden registriert.

Po. 5. Die Wahl des Vorstandes wurde vorgenommen. Die Wahl erfolgte offen, ohne sich von den Plätzen zu erheben. Folgende Herren wurden gewählt:

Jan Wisotzky Vorsitzender
Franciszek Domian Sekretär
Marcin Malewska Schatzmeister
Vicenti Paproski Bibliothekar
Seim. Wisnjak 2. Vorsitzender
Stanisław Michałowski 2. Sekretär
Jan Jablonka 2. Schatzmeister
Marcin Kasprowiak 2. Bibliothekar
Adam Sobottka Jan Blaschek Jakub Plodzikuwski Josef Grobelni Beisitzer
Franciszek Młinarczyk Josef Wisnjak Kassenprüfer

Po. 6. Es war eine Hommage zu Ehren Unseres Heiligen Vaters Papst Leo XIII. (O[jciec] Św[ięty] Papieża Leona XIII) und unseres Kaisers Wilhelm II. Dann beendete der Vorsitzende Jan Wisotzky die Versammlung mit einem Lob Gottes. Um halb 7 rief er die Teilnehmer der Versammlung und die Gäste dazu auf, das Lied „Boże, coś Polskę“ (Gott, der Du Polen...) zu singen. Der Vereinskasse wurden zugeführt 19 Mark an Aufnahmebeiträgen, an Monatsbeiträgen 9 Mark 50 Pfennige, Summe: 28 Mark 50 Pfennige. Für die Anschaffung einer Fahne gingen an freiwillige Spenden 9 Mark 25 Pfennige ein. Dazu monatliche Beiträge von 29 Mark 30 Pfennigen.

Der Bericht ist von mir eigenhändig unterschrieben.

Unterschrift Hüllen, den 3. Februar 1895.

Franciszek Domian

Gastwirt Friedrich Reitemeier wird ausdrücklich zur Teilnahme eingeladen. In Hüllen betreibt er eine Gast- und Schenkwirtschaft. Postkarte von 1903. Digitale Sammlung Blazek

Bericht vom 24. Februar 1895.

Der Vorsitzende hat die Versammlung mit den Worten „Gelobt sei Jesus Christus“ eröffnet. Zu Beginn stimmte er mit der Versammlung das Lied „Wer sich in Pflege“ ein, danach las er aus dem Heiligen Evangelium. Die vorliegende Tagesordnung wurde von der Versammlung beschlossen. Es wurde gefragt, ob Herr Friedrich Reitemeier [= Gastwirt in Hüllen, Wannerstr. 18] im Raum bleiben dürfe. Die Versammlung beschloss daraufhin einstimmig, dass Herr Friedrich Reitemeier bleiben dürfe. Herr Friedrich Reitemeier hat sich verpflichtet, alle Wünsche zu erfüllen:

Po. 1. dass am 1. Sonntag uns das Lokal gehört, vom 3. Dezember, nachmittags, bis 10. Dezember bis zum Abend und noch länger

Po. 2. 3 Sonntage bis 10 Uhr abends und länger, nach 3 Sonntagen verspricht Herr Friedrich Reitemeier, in kurzer Zeit eine Theaterbühne herzustellen.

Die Versammlung wurde um 9 Uhr abends mit zwei Strophen des Liedes „Dobra noc“ (Gute Nacht) geschlossen.

Der Bericht ist von mir eigenhändig unterschrieben.

Hüllen, den 2. März 1895.

Franc. Domian Sekr. Jan Wisotzky Vors.

Bericht vom 3. März

Der Vorsitzende eröffnete die Versammlung mit den Worten „Gelobt sei Jesus Christus“. Zu Beginn hat die Versammlung eine Strophe des Liedes „Święty Janie“ (heiliger Johannes) gesungen.

Der Versammlungsleiter verlas aus dem heiligen Evangelium. Danach wurde die Tagesordnung festgestellt. Einziges Thema: „Medaille“.

Ein Beispiel für Industrie mit Erwerbsmigranten: Bulmke-Hüllen

Bulmke-Hüllen ist heute ein Stadtteil von Gelsenkirchen im Herzen des Ruhrgebiets und liegt nordöstlich der Innenstadt. Die Zeche Alma und das Stahlwerk Schalker Verein prägten den Stadtteil lange Zeit. Für zahlreiche einst industriell genutzte Flächen wurden neue Nutzungen gefunden.

Namentlich in Gelsenkirchen war der Anteil der polnischen Bergleute besonders stark: Laut den Angaben in der „Gazeta Robotnicza“, Nr. 49, vom 8. Dezember 1900 („Polacy w Westfalii“) waren im Bergbaukreis Gelsenkirchen am 1. Januar 1900 15.514 Menschen im Bergbau beschäftigt, darunter 8909 Polen.

Parlament niemiecki.

Polacy w Westfalii.

W których kopalniach i hutach polacy najwięcej się znajdują, wykazuje następująca tabela:

Rewir gorniczy	Liczba wszystkich zatrudnionych 31 grudnia 1899:	Wśród nich Polaków:
Gelsenkirchen	15514	8909
Recklinghausen	20 863	10 060
Herne	14514	7452
Wattenscheid	13 094	5626
Essen Zachod	16491	6681
Essen Wschod	12 598	5408
Bochum Południowe	10 442	3554
Bochum Północne	11 125	3507
Dortmund Zachod	14 190	4245
Dortmund Wschod	14 176	3296
Witten	10 336	2182
Essen Południowy	7925	1633
Oberhausen	18059	3780
Dortmund Południowe	12 690	1859
Hattingen	9831	1265
Werden	2420	122
Suma	205 298	69 379.

Gazeta Robotnicza, Nr. 49 vom 8. Dezember 1900, S. 2. Digitale Sammlung Blazek

Im Jahr 1903 waren von 130.000 Einwohnern 33.000 Polen.

Hüllen dient als gutes Beispiel für Bergbau und Verstädterung im Ruhrgebiet. Die Gemeinde wuchs in der Zeit von 1818 bis 1871, also innerhalb von 53 Jahren, von 97 auf 140 Einwohner.

Die 1872 von dem Essener Unternehmer Friedrich Grillo (1825–1888) gegründete „Schalker Gruben- und Hütten-Verein AG“ in Bulmke und Hüllen, deren Aufsichtsratsvorsitz Grillo innehatte, zählt zu den Ausnahmen unter den Eisen- und Stahlwerken. Grillo gründete die Aktiengesellschaft gemeinsam mit Gustav

Poensgen und den Kaufmannsfamilien Schürenberg, Hilger, von Born und Funke. Gemeinsam mit Friedrich Funke hatte Grillo 1866 das „Schalker Puddel- und Blechwalzwerk Gewerkschaft Grillo, Funke & Co.“ gegründet, das 1912 von der Mannesmann Röhren AG übernommen wurde.[47]

Am 15. Oktober 1872 wurde die allgemein als „Schalker Verein“ bezeichnete „Schalker Gruben- und Hüttenverein Actien-Gesellschaft“ gegründet. Heinrich Schulte, Gemeindevorsteher von Bulmke, verkaufte im gleichen Jahr seinen Hof an die Aktiengesellschaft. Der erste Spatenstich für einen Hochofen zur Produktion von Roheisen für Gießerei-, Puddel- und Stahlzwecke und wenig später auch von stark gefragten Gussrohren (ab 1884) erfolgte in Bulmke und Hüllen südlich der Wannerstraße am 22. Februar 1873.[48]

Die erforderlichen Arbeitskräfte wurden aus dem Saargebiet und später aus Ost- und Westpreußen sowie aus Schlesien angesiedelt. Das Werk hatte zu diesem Zweck Werber ausgesandt, um in den besagten Provinzen verarmte Bauern, Landarbeiter und Tagelöhner anzuwerben. Diese Erwerbsmigranten kamen in den bis dahin recht dünn besiedelten Gemeinden Bulmke und Hüllen unter. Aus den ehemaligen Bauernschaften entwickelte sich ab den 1870er Jahren der von der Industrie geprägte Lebensraum für die Beschäftigten und ihre Familien.[49]

Die Migranten lebten im Ruhrgebiet in neu erbauten Menagen, das waren Gebäude zur Unterbringung von ledigen Bergleuten, wobei ihnen Verköstigung und Unterkunft vom Lohn abgezogen wurden. Die Zechengesellschaften setzten die Wohnkolonien, mit deren preiswertem Wohnraum sie Arbeitskräfte anlocken wollten, wahllos, aber stets in Werksnähe, in die Landschaft. Eine Menage der Schalker Gruben- und Hüttenvereins Actien-Gesellschaft war laut Adressbuch des Amtes Bismarck von 1899 das Grundstück Franzstraße 34 in Bulmke; sie befand sich auf dem Gelände des Schalker Vereins und der Kesselfabrik „Orange“.

Bereits im Jahre 1893 umfassten die Zechen im Ruhrgebiet 10.525 Werkswohnungen. Die neu gebauten Wohnungen waren bedeutend größer als die um die Mitte des Jahrhunderts errichteten. Sie hatten jetzt durchschnittlich 3½ Zimmer. In den ländlichen Gegenden bevorzugte man den Flachbau in Form von 4-Familienhäusern, während man in den Städten das Reihenhaus mit zwei und drei Stockwerken baute.[50]

---

[47] Vgl. Aktiengesellschaft Schalker Gruben- und Hütten-Verein zu Gelsenkirchen, Bericht über die Entwicklung des Schalker Gruben- und Hüttenvereins vom Tage der Gründung ab bis heute, 1878–1903, Mülheim/Ruhr 1903.

[48] Stefan Goch: Städtische Gewerkschaft und Polizei — Beiträge zur Sozialgeschichte der Polizei in Gelsenkirchen, Schriftenreihe des Instituts für Stadtgeschichte, Klartext Verlag, Essen 2005, S. 59.

[49] Brigitte Schneider, Einleitung, S. 11.

[50] Otto Frey: Die industrielle Arbeiterwohnungsfrage und ihre Lösung unter besonderer Berücksichtigung der I. G. Farbenindustrie, Werke Ludwigshafen a. Rh. und Oppau, Inaugural-Dissertation, Buchdruckerei Emil Sommer, Grünstadt 1939, S. 18.

Eigenheimsiedlung in Bochum-Weitmar. Baujahr 1936

„Tannenhofsiedlung“ der Gemeinnützigen Siedlungsgesellschaft Duisburger Kupferhütte m. b. H., Duisburg

Koloniehäuser in Gelsenkirchen-Hüllen. Baujahr 1914/15

Eigenheimsiedlung in Bochum-Weitmar, Baujahr 1936; „Tannenhofsiedlung“ der Gemeinnützigen Siedlungsgesellschaft Duisburger Kupferhütte m. b. H., Duisburg; Koloniehäuser in Gelsenkirchen-Hüllen, Baujahr 1914/15 (Phot. Fr. Schmieding, Dortmund). Aus: Will Rinne, Ruhrgeist und Ruhrstahl, Verlag für Sozialpolitik, Wirtschaft und Statistik, Paul Schmidt, Berlin SW 1941, S. 122. Digitale Sammlung Blazek

Auf dem Hüttenwerk in Hüllen wurde am 2. März 1875 der erste Hochofen angeblasen, der zweite Ende Januar 1880, der dritte Mitte November 1881, der vierte Mai 1884, der fünfte Mai 1891.[51] Am 29. November 1875 kam die Gemeinde Hüllen zum Amt Schalke. Der Hochofen-Ingenieur Franz Burgers (1845–1911) wurde 1878, nach der verzögerten Fertigstellung der Bochumer Hochofen-Anlage des Industriellen August Thyssen (1842–1926), zum Ausbau der Hochofenanlagen zum Schalker Verein geholt. Er war bis zu seinem Tod 1911 technischer Leiter beim Schalker Verein.

Anfang der 1880er Jahre wurden in der Röhrengießerei die ersten Gussrohre gegossen, für die der Schalker Verein bis heute bekannt ist, 1886 wurde dort einer der wenigen Streiks im Zeitraum 1873–1889 ausgetragen.[52] Die mit der Industrialisierung Deutschlands und Europas einhergehende Urbanisierung schuf einen großen Bedarf an Röhren und Gussteilen aller Art, wie Tübbings (Bauteile der Außenschale eines Schachtes) im Bergbau oder Großteile im Maschinen- und Anlagenbau. Der Ausbau der Gießerei- und Hochofenanlagen ging in den folgenden Jahrzehnten weiter. Bis 1890 entwickelte sich der Schalker Verein zum größten Unternehmen der Gelsenkirchener Eisen- und Stahlindustrie. Reisende der Köln-Mindener-Eisenbahn könnten auf eine beeindruckende Silhouette blicken. Heute sind die Hochöfen längst Vergangenheit.[53]

Der Bergarbeiterstreik von 1889 nahm seinen Anfang im Gelsenkirchener Revier und dehnte sich nach Recklinghausen, Schalke, Herne, Bochum, Essen und schließlich auf das Dortmunder Revier aus. Der Streik begann am 4. Mai 1889 im Gelsenkirchener Revier und erfasste in wenigen Tagen alle Gruben des Oberbergamtsbezirks Dortmund. Nach wenigen Tagen ruhte auf fast allen Zechen des Oberbergamtsbezirks Dortmund die Arbeit. Am 10. Mai 1889 befanden sich mit rund 70.000 Streikenden schon etwa 67 Prozent der Ruhrbergarbeiterschaft im Ausstand. Zum Schutz von Arbeitswilligen und Zechenlagen wurde der blutige Einsatz von Militär verfügt.[54]

Bereits in dem Bergarbeiterstreik von 1889 hatten sich die Polen erstmalig als die geborenen Aufwiegler erwiesen, ohne hierbei aber als Polen besonders hervorzutreten. Der Bergarbeiterstreik von 1889, der auch einen beträchtlichen Teil der oberschlesischen Bergwerke erfasste, war der erste Massenstreik in der Geschichte der Arbeitskämpfe in Deutschland und von besonderer Bedeutung für die Bildung von gewerkschaftlichen Organisationen der Ruhrbergarbeiter. An dem Streik von 1889 im Ruhrgebiet beteiligten sich fast 100.000 Bergleute. Bergarbeiterfrauen nahmen an den Streiks zwischen 1889 und 1912 auf der Seite der Streikenden, aber auch der Streikbrecher teil.

[51] Chemiker-Zeitung, 1914, S. 82.

[52] Wolfgang J. Mommsen, Hans-Gerhard Husung: Auf dem Wege zur Massengewerkschaft – Die Entwicklung der Gewerkschaften in Deutschland und Großbritannien 1880–1914, Stuttgart 1984, S. 129.

[53] Brigitte Schneider, Einleitung, S. 11.

[54] Otto Neuloh: Soziale Innovation und sozialer Konflikt, Vandenhoeck und Ruprecht, Göttingen 1977, S. 120.

Zum Thema „Streikverhalten und Streikorganisation deutscher und polnischer Bergarbeiter im Vergleich 1889–1912“ konzentrierte sich der Historiker und Professor für Sozialgeschichte und soziale Bewegungen Klaus Tenfelde auf das Beispiel der Herner Polenrevolte vom Juni und Juli 1889.

Eine damalige Personalia in der Zeitschrift des Vereines Deutscher Ingenieure, 1889: „C. A. Eckenberg, Gießerei-Betriebsführer des Schalker Gruben- u. Hüttenvereines, Hüllen bei Gelsenkirchen.“ Im gleichen Jahr wurde August Thyssen, der inzwischen eine starke Beteiligung am Schalker Gruben- und Hüttenverein erworben hatte, Vorsitzender des dortigen Grubenvorstandes.

Gelsenkirchen-Hüllen, Herz Jesu (1894)

Herz Jesu Hüllen ist eine katholische Kirche an der Skagerrakstraße im Gelsenkirchener Ortsteil Bulmke-Hüllen. Am 21. September 1890 wurde ein Kirchenbauverein gegründet. Am 30. September 1894 erfolgte die Grundsteinlegung für eine „Teilkirche“. Am 15. September 1900 wurde durch den Paderborner Weihbischof Augustinus Gockel (1830–1912) die Kirche konsekriert, und am 2. November 1902 wurde Herz Jesu zu Hüllen als „kanonische Pfarrei“ errichtet. Am 8. September 1916 wurde ein Erweiterungsbau konsekriert. Die Kirche wurde im Zweiten Weltkrieg total zerstört. Die Herz-Jesu-Kirche in ihrer heutigen Form geht zurück auf den Neubau in den Jahren 1953/1954. Die Pfarrkirche hat am 6. Juni 1954 also bereits ihre dritte Konsekration erlebt. Konsekrator war der damalige Weihbischof in Paderborn. Der Entwurf für den Kirchbau stammt von dem Architekturbüro Kraus in Herne; die Bauausführung lag in den Händen der Firma Walter in Wanne-Eickel. Im Hochaltar finden sich Reliquien des heiligen Petrus Canisius (1521–1597), des ersten deutschen Jesuiten und bedeutenden Erneuerers des Glaubens in Deutschland, Österreich, Böhmen und der Schweiz. An bedeutenden Kunstwerken in der Kirche in Hüllen sind das Altarrelief von Hermann Kirchhoff (Gelsenkirchen) und der Genesis-Wandteppich von Grete Badenheuer (Essen) zu nennen. Seit dem 15. August 2007 gehört die Gemeinde Herz Jesu zu der Propsteikirche St. Augustinus.[55]

Am 3. Februar 1895 wurde in Hüllen der Katholische Verein der Polinnen des hl. Johannes gegründet, dessen Protokollbuch auf Porta-Polonica.de eingesehen werden kann. Die Gemeinde Hüllen wurde am 1. Juli 1895 dem Landkreis Gelsenkirchen zugeordnet.

„Gelsenkirchener Verkaufsverein für Ziegeleifabrikate zu Gelsenkirchen. Der Vorstand ist neugewählt und besteht nunmehr aus dem Kaufmann Otto Heikhaus zu Gelsenkirchen als erstem und dem Kaufmann Ernst Koch daselbst als zweitem Vorstandsbeamten. Stellvertreter des ersteren ist der Landwirth Dr. Heinrich Wilhelms zu Hüllen und Stellvertreter des zweiten Vorstandsmitgliedes der Director Carl Müller zu Bulmke.“ (Thonindustrie-Zeitung, Wochenschrift, 1895, S. 254)

[55] Stadtarchiv Gelsenkirchen, Religionswesen Ge 2614, Errichtung der katholischen Kirchengemeinde in Hüllen, enthält u.a.: Nachweisung über die Leistungsfähigkeit der katholischen Filial-Kirchengemeinde Hüllen, 1901; Abschrift der Erektionsurkunde, 7. März 1902 (Laufzeit: 1890–1902). Bulmke, Bulmke-Hüllen, KfStadt GE Kg, Heilige Familie (Bulmke), Herz Jesu (Hüllen), 1904–1916, 1974–1980.

Die Freiwillige Feuerwehr Gelsenkirchen-Hüllen im Jahr 1895.
Foto freundlich zur Verfügung gestellt von den Gelsenkirchener Feuerwehrfreunden

„Stahl und Eisen“, eine Zeitschrift für das deutsche Eisenhüttenwesen in Düsseldorf (Verlag Stahleisen), nannte 1898 (S. 396): „Könecke, Herm., Ingenieur, Vorsteher des Constructionsbureaus des Schalker Gruben- und Hütten-Vereins, Hüllen bei Gelsenkirchen.“

Ende des 19. Jahrhunderts wurde die Hochofenanlage des Schalker Vereins erneut erweitert. Hüllen zählte damals, laut der vorne im Adressbuch des Amtes Bismarck abgedruckten Personenstands-Aufnahme für 1899, 5065 Einwohner (nach der Aufnahme für 1898/99 noch 4616 Personen). Die Straßennamen in der Gemeinde Hüllen lauteten Bergstraße, Dorotheenstraße, Hedwigstraße (Lehrer Heinrich Dornseifer im Haus Hedwigstr. 45), Hermannstraße, Industriestraße, Johannisstraße, Karlstraße, Kirchstraße (Kolonialwarenhändler Karl Gladbach im Haus Kirchstr. 26), Koloniestraße, Luthenburgerstraße, Marienstraße, Neuhüllerstraße (Kolonialwarenhändler Heinrich Entrop im Haus Neuhüllerstr. 12), Neustraße, Philippstraße, Ringstraße, Südstraße (Bahnwärter August Beume im Haus Südstr. 1), Thurmstraße, Vereinstraße, Wannerstraße (Wirt H. Hagemann im Haus Wannerstr. 57), Wattenscheiderstraße, Weststraße, Wiesenstraße, Wilhelmstraße – in der damals üblichen Schreibweise immer in einem Wort dargestellt.

An ortsansässigen Vereinen wurden auf Seite 41 aufgelistet:

Krieger-Verein Hüllen, Vereinslokal Rau.
Gesang-Verein „Liedertafel", Vereinslokal Rau.
Kath. ostpr. Arb.-Verein „St. Johannes", Vereinslokal Rau.
Scat-Club, Vereinslokal Rau.
Rauch-Club, Vereinslokal Rau.
Kath. St. Josef Arb.-Verein, Vereinslokal Schulte-Curig.
Kath. Kirchenbau-Verein, Vereinslokal Schulte-Curig.
Gewerk-Verein Hüllen, Vereinslokal Reitemeyer.
Turn-Verein Germania, Vereinslokal Reitemeyer.
Lotterie-Club „Fortuna", Vereinslokal Hagemann.

Der Männergesangverein „Liedertafel" Hüllen stand (1914) unter der Leitung des Komponisten Cl. Müller.

Ab 1899 wurden Polnisch sprechende Theologen bewusst auf Pfarrstellen in der Ruhrregion berufen, von denen sich führende politische und kirchliche Repräsentanten u.a. eine Eingliederung der „Masuren" in die „deutsche" Gesellschaft versprachen. Als einer der ersten erhielt der aus Gelsenkirchen gebürtige Walther Schmidt ein Pfarramt in Hüllen, und im selben Jahr wurde der 1869 in Schlesien geborene Synodalvikar Edmund Michael auf die gerade erst begründete Pfarrstelle in Erle-Middelich (Westf.) berufen.[56]

Die Gesundheitsvorsorge war 1890 schlecht, die Kindersterblichkeit enorm. Besonders in den Arbeitersiedlungen und selbst in den neu gebauten Zechenkolonien sammelten sich das Abwasser und allerlei Unrat mangels einer Alternative in den Straßengräben. Unter diesen Umständen und in Verbindung mit den schlechten Arbeits- und Ernährungsbedingungen war es nicht verwunderlich, dass immer wieder schwere Krankheiten ausbrachen und in den übervölkerten Quartieren der Unterschichten rasch um sich griffen. Cholera- und Typhusepidemien, aber auch Grippewellen nahmen hier ihren Ausgang und forderten oft innerhalb kurzer Zeit zahlreiche Opfer, die größtenteils den ärmeren Schichten der Bevölkerung entstammten.[57]

[56] Zit. n. Jochen Oltmer (Hrsg.): Migrationsregime vor Ort und lokales Aushandeln von Migration, Springer Fachmedien, Wiesbaden2017, S. 53. Bis 1911 stieg die Zahl der Ämter, die mit zweisprachigen Pfarrern besetzt waren, auf sieben in Westfalen und auf zwei in der Rheinprovinz an. Quelle: Ebenda.

[57] Zit. n. Silviana Galassi: Kriminologie im Deutschen Kaiserreich – Geschichte einer gebrochenen Verwissenschaftlichung, Franz Steiner Verlag, Stuttgart 2004, S. 108. Kumpel der Zeche Bergmannsglück, einem ehemaligen Steinkohlenbergwerk in Gelsenkirchen, streikten im Januar 1917 für eine bessere Versorgung mit Lebensmitteln.

Gruß aus Hüllen, Kaiserhof, Inh. H. Hagemann, 1900. Digitale Sammlung Blazek

Der Stadtsekretär Molgedei hatte 1895 auffällig viele Fälle von Säuglingssterblichkeit im Sterbe-Neben-Register des Königlich Preußischen Standesamtes Gelsenkirchen einzutragen. Neben manchen Totgeburten zeigten die zumeist im Bergbau tätigen Väter oder ihre Frauen auffällig oft die Sterbefälle ihrer zwei bis elf Monate alten Sprösslinge an. Erst mit drei Jahren scheinen die Kinder in dieser Zeit und in diesen Verhältnissen eine wichtige Überlebenshürde genommen zu haben. Als 1897 für Bulmke ein gesondertes Sterberegister eröffnet wurde und 1900 auch Hüllen ein eigenes Register erhielt, stand der in beiden Orten zuständige Stadtsekretär Heyger vor der gleichen Herausforderung, die zahllosen angezeigten Säuglingstode zu dokumentieren.

Der Stadtsekretär Heinrich Große-Thie notierte ganz am Schluss seiner Eintragungen im Sterbe-Neben-Register des Königlich Preußischen Standesamtes Braubauerschaft von 1895: „Die Gesammtzahl der Eintragungen auf dem Sterberegister für das Jahr 1895 beträgt nach Abzug der gelöschten No 16 noch ‚sechshundert und drei und siebenzig'. Braubauerschaft, am 31. Dezember 1895."

Registriert wurden mitunter unglückliche Zwillingsgeburten. So erging es einer Bergmann-Familie in Braubauerschaft. Am 10. Februar 1896 hatte Hermann Kammolz, Oswaldstr. 16 in Braubauerschaft, die traurige Pflicht, den Tod seiner beiden Zwillingssprösslinge auf dem Standesamt anzuzeigen. Er zeigte an, dass die neugeborenen Babys von ihm und seiner Ehefrau Agnes, geb. Rettinghausen, Carl Hermann und Agnes Anna, am 9. Februar 1896 um kurz vor drei Uhr in der Nacht, fünf bzw. acht Minuten nach ihrer Geburt, verstorben seien.

Am 7. November 1896 hatte ein Fabrikarbeiter die traurige Pflicht, den Tod seiner beiden Zwillingstöchter auf dem Standesamt anzuzeigen. Adam Kalianowski, wohnhaft zu Hüllen, Wannerstr. Nr. 50, zeigte an, dass die neugeborenen Töchter von ihm und seiner Ehefrau Caroline, geb. Sobottka, Marie Auguste und Anna Veronika, am 5. November 1896 um kurz vor drei Uhr in der Nacht, zehn Minuten nach ihrer Geburt, verstorben seien.

Der Bezirk des Standesamtes Gelsenkirchen 6/Hüllen gehörte zwischen 1874 und Juni 1877 (wie auch zwischen 1916 und 1938) zum Standesamt Gelsenkirchen. Zwischen Juli 1877 und 1886 gehörte er zum Standesamt Schalke, zwischen 1887 und 1896 zum Standesamt Bismarck und zwischen 1897 und Juni 1900 zum Standesamt Bulmke.

In Bulmke und Hüllen und den weiteren Orten um Gelsenkirchen herum erhalten wir gelegentlich Hinweise auf die Herkunft Verstorbener aus den deutschen Ostgebieten, u.a. wenn sie im Erwachsenenalter verstorben sind. Gelegentlich finden sich auch Hinweise, dass Verstorbene auf Zechen ihr Leben verloren haben.

Die verstorbenen Kleinkinder kamen in der Masse in Wohnungen der eigenen Familien in den Zechenkolonien um Gelsenkirchen herum zur Welt. In wenigen Fällen lag der Geburtsort in der Ferne, wie beispielsweise in den deutschen Ostgebieten oder in der preußischen Provinz Hessen-Nassau. Zum Jahreswechsel 1895/96 beispielsweise wurden im Sterbe-Neben-Register des Königlich Preußischen Standesamtes Braubauerschaft, das zu der Zeit auch die Orte Bulmke, Hüllen und Schalke umfasste, nur wenige Sterbefälle von Personen mit unmittelbarem Migrationshintergrund erfasst. Die deutschen Ostgebiete erscheinen gleichmäßig unter den Betroffenen verteilt:[58]

Gustav Jedamski, gebürtig aus Gruntzken (poln. Grądzkie) im Kreis Lötzen (Powiat Giżycki) in Ermland-Masuren, Sohn des Fabrikarbeiters Gottlieb Jedamski und seiner Ehefrau Maria, geb. Kellgenzki, † Braubauerschaft 20. September 1895 im Alter von 4 Jahren, 10 Monaten

Hermann Gehrke, gebürtig aus Zeyer (Kępki) im Kreis Elbing in Westpreußen, Sohn des Bergmanns Erdmann Gehrke und seiner Ehefrau Edelgunde, geb. Winter, † Braubauerschaft 24. September 1895 im Alter von sechseinhalb Jahren

Maria Grzesch, geb. Rasanowski, gebürtig aus Schläfken (Sławka Wielka) im Kreis Neidenburg in Masuren, Ehefrau des Bergmanns Carl Grzesch, Ziegelfeldstr. 14 in Braubauerschaft, † Braubauerschaft 9. Oktober 1895 im Alter von 45 Jahren

Emma Bertha Clara Unger, gebürtig aus Gottesberg (Boguszów) im Kreis Waldenburg, Bezirk Breslau, der angeblich höchstgelegenen Stadt Preußens (536–592 m), Tochter des Bergmanns Heinrich Unger und seiner Ehefrau Louise, geb. Karschner, † Braubauerschaft 10. Oktober 1895 im Alter von siebeneinhalb Jahren

[58] Zahlreiche Personen können im Folgenden nicht erfasst werden, wo der Familienname zwar auf einen osteuropäischen Hintergrund schließen lässt; bei einem in den Industriedörfern um Gelsenkirchen herum geborenen und auch gestorbenen Kind waren im Sterbe-Neben-Register aber keine Hinweise auf die Herkunft der Eltern vorgesehen.

Caroline Bastek, gebürtig aus Sczuplienen (Szczupliny) im Kreis Neidenburg in Ostpreußen, Tochter des Fabrikarbeiters Friedrich Bastek und seiner Ehefrau Caroline, geb. Saloga, † Hüllen 13. Oktober 1895 im Alter von sechs Jahren

Franziska Dominiak, geb. Popiol, gebürtig aus Sniaty im Kreis Schmiegel im Westen der Provinz Posen, Ehefrau des Bergmanns Stephan Dominak, † Braubauerschaft 9. November 1895 im Alter von 21 Jahren

Franz Domin, gebürtig aus Opalenietz (Opaleniec) im Kreis Ortelsburg in Ostpreußen, Sohn von Wilhelmine Harstek, geb. Domin, † Braubauerschaft 10. November 1895 im Alter von fast fünf Jahren

Maria Blank, geb. Knorr, gebürtig aus Blumstein (Kwiatkowo) im Kreis Königsberg i. Pr. in Ostpreußen, Ehefrau des Bergmanns Gustav Blank, † Braubauerschaft 18. November 1895 im Alter von 41 Jahren

Gottliebe Draganski, geb. Dochs, gebürtig aus Warchallen (Warchały) im Kreis Neidenburg in Ermland-Masuren, Ehefrau des Bergmanns Adam Draganski, † Bulmke 17. November 1895 im Alter von 25 Jahren

Caroline Montag, gebürtig aus Trinkheim (Wyssokoje) im Kreis Preußisch Eylau in Ostpreußen, † Braubauerschaft 7. Dezember 1895 im Alter von 57 Jahren

Anna Bienk, geb. Sewtz, gebürtig aus Piasutten (Piasutno) im Kreis Ortelsburg in Ostpreußen, Ehefrau des Bergmanns Adam Bienk, † Hüllen 9. Dezember 1895 im Alter von 39 Jahren

Margarete Diedzinski, gebürtig aus Ortelsburg (Szczytno) in Ermland-Masuren, Sohn des Fabrikarbeiters Johann Dudzinski und seiner Ehefrau Barbara, geb. Zink, † Braubauerschaft 20. Dezember 1895 im Alter von fünfeinhalb Jahren (Mitteilung der örtlichen Polizei-Verwaltung)

Charlotte Welskopf, geb. Gurba, gebürtig aus Jedwabno im Kreis Neidenburg in Ermland-Masuren, Ehefrau des Bergtagelöhners Friedrich Welskopf, † Braubauerschaft 2. Januar 1896 im Alter von 32 Jahren

Gottfried Tonka, Fabrikarbeiter, gebürtig aus Jedwabno im Kreis Neidenburg in Ermland-Masuren, Ehemann von Eva Tonk, geb. Burdinske, † Braubauerschaft 6. Januar 1896 im Alter von 59 Jahren (Todesfall angezeigt vom Fabrikarbeiter Carl Tonk)

Gustav Zilla, gebürtig aus Groß Radzienen (Zieleniec) im Kreis Ortelsburg in Ostpreußen, Sohn von Michael Zilla und Dorothea, geb. Glinka, † Braubauerschaft 11. Januar 1896 im Alter von fünfeinhalb Jahren

Amalie Czudnochowsky, geb. Wrobel, gebürtig aus Willenberg (Wielbark) im Kreis Ortelsburg in Ostpreußen, Ehefrau des Bergmanns Johann Czudnochowsky, † Braubauerschaft 17. Januar 1896 im Alter von 28 Jahren

Unglücksfälle auf Werksgeländen und auch Totgeburten wurden dem Standesamt durch die Polizeiverwaltung mitgeteilt und in voller Ausführlichkeit ins Sterbe-Neben-Register übertragen, wie im Falle des am 13. Januar 1896 gestorbenen Fabrikarbeiters August Albin, 52 Jahre, der seine Wurzeln in Ostpreußen hatte. Der Stadtsekretär Heinrich Große-Thie notierte mit einer vorzüglichen (noch bis 1903 gültigen) Rechtschreibung:

„No. 28.

Braubauerschaft, am 18. Januar 1896.

Auf Grund der Mittheilung der hiesigen Polizei-Verwaltung vom heutigen Tage, J. No. 424 II, ist heute eingetragen worden, daß der Fabrikarbeiter August Albin, 52 Jahre 6 Monate 27 Tage alt, evangelischer Religion, wohnhaft zu Bulmke, Nordstraße No. 16, geboren zu Neuendorf, Kreis Labiau, verheirathet gewesen mit der zu Bulmke wohnenden Wilhelmine geborenen Harkuse, Sohn der zu Neuendorf verstorbenen Eheleute Schreiner Albin (Vorname des Vaters und Vor- und Zunamen der Mutter unbekannt) zu Bulmke am sogenannten Schlackenberg des Schalker Gruben- und Hüttenvereins am dreizehnten Januar des Jahres tausendachthundert neunzig und sechs, Nachmittags vier einhalb Uhr sich erhängt hat.

Der Standesbeamte
In Vertretung
Große – Thie
Den gesammten Vordruck gelöscht
Der Standesbeamte
In Vertretung
Große – Thie"

Am 28. Januar 1896 verunglückte der Bergmann Franz Hinkel auf der Zeche Alma, dem Steinkohle-Bergwerk in Gelsenkirchen-Ückendorf, tödlich. Stadtsekretär Heinrich Große-Thie notierte es aufgrund der Mitteilung der Polizeiverwaltung, ohne auf die näheren Umstände einzugehen. Der Verstorbene stammte gebürtig aus Kattenau (Sawety) im Kreis Stallupönen in Ostpreußen:

„No. 48.

Braubauerschaft, am 31. Januar 1896.

Auf Grund der Mittheilung der hiesigen Polizeiverwaltung vom heutigen Tage, J. No. 1034 II, ist heute eingetragen worden, daß der Bergmann Franz Hinkel, 34 Jahre 2 Monate 8 Tage alt, evangelischer Religion, wohnhaft zu Ückendorf, Nordstraße No. 20b, geboren zu Kattenau, Kreis Stallupönen, verheirathet gewesen mit der zu Ückendorf wohnenden Ida geborenen Demant, Sohn der zu Kattenau verstorbenen Eheleute Gärtner Heinrich Hinkel und Louise geborenen Riel, zu Bulmke auf der Zeche Alma am acht und zwanzigsten Januar des Jahres tausend achthundert neunzig und sechs, Nachmittags zwölf einhalb Uhr verstorben ist.

[…]"

Weitere Eintragungen im offensichtlich ruhrpolnischen Kontext:

Marie Pelka, geb. Burdinski, gebürtig aus Roggen (Róg) ganz im südöstlichen Zipfel des Kreises Neidenburg in Ermland-Masuren, Ehefrau des Bergmanns Gottlieb Pelka, † Braubauerschaft 27. Januar 1896 im Alter von 30 Jahren

Johanna Paulina Gottschlich, geb. Klose, gebürtig aus Gerlachsdorf (Zgoda) im Kreis Schlichau in Ermland-Masuren, Ehefrau des Bergmanns August Gottschlich, † Bulmke 13. Februar 1896 im Alter von 59 Jahren

Maria Gurnack, geb. Krause, gebürtig aus Schönenberg (Szymbark) bei Deutsch Eylau (Iława) in Westpreußen, Ehefrau des zu Rothwasser (Czerwona Woda), Kreis Rosenberg in Westpreußen, verstorbenen Arbeiters Friedrich Gurnack, † Braubauerschaft 16. Februar 1896 im Alter von 70 Jahren (Todesfall angezeigt vom *Cooksarbeiter* Carl Gurnack)

Caroline Kriegel, geb. Böhm, gebürtig aus Niederhermsdorf (Sobięcin) im Kreis Waldenburg in Niederschlesien, Ehefrau des zu Niederhermsdorf lebenden Schuhmachers Wilhelm Kriegel, † Braubauerschaft 27. Februar 1896 im Alter von 80 Jahren (Todesfall angezeigt von Elise Güntzel, geb. Hildebrand)

Johanna Kapelczinski, geb. Jachowski, gebürtig aus Briesen (Wąbrzeźno) in Westpreußen, Ehefrau des Fabrikschmieds Michael Kapelczinski, † Bulmke 20. März 1896 im Alter von 30 Jahren

Fragen bleiben offen bei diesem Eintrag vom 24. März 1896, in dem es um den Tod des 12 Jahre alten Jungen August Falck geht, der gebürtig aus Adlig Rakowen (Rakowo) im Kreis Johannisburg in Ostpreußen stammte. Stadtsekretär Heinrich Große-Thie musste anmerken, dass der Verstorbene bereits ohne Genehmigung beerdigt worden sei:

„*No. 120.*

Braubauerschaft, am 24. März 1896.

Auf Grund der Mittheilung der hiesigen Polizei-Verwaltung vom 9. März 1896, J. No. 2115 II, ist heute eingetragen worden, daß August Falck, 12 Jahre, 3 Monate, 12 Tage alt, evangelischer Religion, wohnhaft zu Hüllen, Neustraße No. 7b, geboren zu Gut Rakowen, Kreis Johannisburg, Sohn des zu Bickern verstorbenen Bergmanns August Falck und dessen zu Hüllen, Neustraße No. 7b, wohnenden Ehefrau Emilie geborenen Salewsky, zu Hüllen in der Wohnung seiner Mutter am ersten März des Jahres tausend achthundert neunzig und sechs, Nachmittags um sieben einhalb Uhr verstorben ist.

Die Eintragung erfolgt, da die Beerdigung bereits ohne Genehmigung der Ortspolizeibehörde stattgefunden, mit Genehmigung der Aufsichtsbehörde ertheilt am 20. März 1896, J. No 1240.

Der Standesbeamte: In Vertretung
Große – Thie
[…]“

Weitere Eintragungen im offensichtlich ruhrpolnischen Kontext:

Wilhelmine Salomon, gebürtig aus Omulefofen (Kot) im Kreis Neidenburg in Ostpreußen, Tochter des Fabrikarbeiters Carl Salomon und seiner Ehefrau Marie, geb. Mack, † Hüllen 26. März 1896 im Alter von drei Monaten

Maria Bembenek, geb. Klik, Witwe, gebürtig aus Friedrichshof (Rozogi) im Kreis Ortelsburg in Ostpreußen, Witwe des zu Erdmannen im Kreis Johannisburg verstorbenen Ackerers Johann Bembenek, † Braubauerschaft 31. März 1896 im Alter von 75 Jahren (Todesfall angezeigt vom Bergmann Adam Bembenek)

Heinrich Geisler, Bergmann, gebürtig aus Tannhausen im Kreis Waldenburg in Niederschlesien, Ehemann von Agnes Geisler, geb. Laupitz, † Braubauerschaft 9. April 1896 im Alter von 50 Jahren (Todesfall angezeigt vom Bergmann August Geisler)

Wilhelm Kaschubski, gebürtig aus Gralau (Gralewo) im Kreis Neidenburg in Ostpreußen, Sohn des Fabrikarbeiters Johann Kaschubski und seiner Ehefrau Maria, geb. Sasemblowski, † Bulmke 12. April 1896 im Alter von 26 Tagen

Am 21. April 1896 hatte Stadtsekretär Heinrich Große-Thie eine Mitteilung der Polizeiverwaltung zu übertragen. Auf dem Fabrikplatz des Schalker Gruben- und Hütten-Vereins war ein junger Mann verunglückt:

„*No. 152.*

Braubauerschaft, am 21. April 1896.

Auf Grund der Mittheilung der hiesigen Polizei-Verwaltung vom gestrigen Tage, J. No. 3400 II ist heute eingetragen worden, daß der Handlanger Carl Gunna, 18 Jahre, 9 Monate, 28 Tage alt, evangelischer Religion, wohnhaft zu Bulmke, Nordstraße No. 5b, geboren zu Malga, Kreis Neidenburg, Sohn der zu Malga wohnenden Eheleute Landwirth Wilhelm Gunna und Ida geborenen Rettkowsky, zu Bulmke auf dem Fabrikplatz des Schalker Gruben- und Hütten-Vereins am fünfzehnten April des Jahres tausend achthundert neunzig und sechs, Nachmittags um sechs Uhr verstorben sei.

Der Standesbeamte
In Vertretung
Große – Thie.
Den gesammten Vordruck gelöscht
Der Standesbeamte
In Vertretung
Große – Thie“

Weitere Eintragungen im offensichtlich ruhrpolnischen Kontext:

Hermann Girnth, Kesselschmied, gebürtig aus Gienow (Ginawa) im Kreis Regenwalde in Pommern, Sohn des Fabrikarbeiters Julius Girnth und seiner Ehefrau Auguste, geb. Steinhaus, † Bulmke 26. April 1896 im Alter von 20 Jahren

Bertha Pukrop, gebürtig aus Jablonken im Kreis Neidenburg in Ostpreußen, Tochter der in Essen wohnenden ledigen Dienstmagd Caroline Pukrop, † Braubauerschaft 2. Mai 1896 im Alter von vier Monaten (in der Wohnung des anzeigenden Bergmanns Johann Broderek)

Anorthe Reiha, geb. Stäker, Witwe, gebürtig aus Groß Piwnitz (Piwnice Wielkie) im Kreis Ortelsburg in Ostpreußen, Witwe des zu Opalenietz (Opaleniec) im Kreis Ortelsburg verstorbenen Tagelöhners Johann Reiha, † Braubauerschaft 2. Mai 1896 im Alter von 76 Jahren (Todesfall angezeigt vom *Colporteur* Johann Katzmarzik)

Anna Krieger, gebürtig aus Prostken (Prostki) im Kreis Lyck im Regierungsbezirk Gumbinnen (Ermland-Masuren), Tochter des Fabrikarbeiters Ferdinand Krieger und seiner Ehefrau Charlotte, geb. Trojan, † Braubauerschaft 4. Mai 1896 im Alter von zwei Jahren

August Gottschlich, Bergmann, gebürtig aus Eckersdorf (Bożków) im Kreis Neurode (Nowa Ruda) in Niederschlesien, Witwer der zu Bulmke verstorbenen Pauline Gottschlich, geb. Klose, † Bulmke 5. Mai 1896 im Alter von 58 Jahren (Todesfall angezeigt vom Bergmann August Ludewig)

Franz Schottek, Schuhmachermeister, gebürtig aus Godow (Godów) im Kreis Rybnik in Oberschlesien, Ehemann von Anna Schottek, geb. Schmitz, † Bulmke 26. Mai 1896 im Alter von 33 Jahren (Todesfall angezeigt vom Barbier Peter Heßler)

Am 27. Mai 1896 hatte Stadtsekretär Heinrich Große-Thie eine Mitteilung der Polizeiverwaltung zu übertragen. Auf dem Fabrikplatz des Schalker Gruben- und Hütten-Vereins war wieder ein junger Mann verunglückt:

„*No. 197.*

Braubauerschaft, 27. Mai 1896.

Auf Grund der Mittheilung der hiesigen Polizei-Verwaltung vom heutigen Tage, J. No. 4741 II, ist heute eingetragen worden, daß der Rangirer Eduard Weber, 34 Jahre, 6 Monate, 16 Tage alt, katholischer Religion, wohnhaft zu Bulmke, Louisenstraße No. 52, geboren zu Schweben, Kreis Fulda, verheirathet gewesen mit der zu Bulmke wohnenden Anna Franziska geborenen Müscher, Sohn der Eheleute Tagelöhner Conrad Weber und Anna Maria geborenen Schrimpf, beide verstorben und zuletzt wohnhaft zu Schweben, zu Bulmke auf dem Fabrikplatz des Schalker Gruben- und Hütten-Vereins am zwanzigsten Mai des Jahres tausend achthundert neunzig und sechs, Nachmittags um fünf Uhr verstorben ist.

Der Standesbeamte
In Vertretung
Große – Thie.
Den gesammten Vordruck gelöscht
Der Standesbeamte
In Vertretung
Große – Thie“

Weitere Eintragungen im offensichtlich ruhrpolnischen Kontext:

Martin Bastek, gebürtig aus Sakrau (Zakrzewko) im Kreis Neidenburg in Ostpreußen, Witwer der zu Groß-Grieben verstorbenen Caroline, geb. Korzen, † Hüllen 3. Juni 1896 im Alter von 75 Jahren (in der Wohnung des anzeigenden Fabrikarbeiters Michael Bastek)

Adam Galla, Bergmann, gebürtig aus Opalenietz (Opaleniec) im Kreis Ortelsburg in Ostpreußen, Sohn der Eheleute Tagelöhner Adam Galla (†) und Eva, geb. Jaschenski, † Braubauerschaft 13. Juni 1896 im Alter von 18 Jahren (in der Wohnung des anzeigenden Bergtagelöhners Ludwig Zelenski)

Eva Kadelka, geb. Pidum, gebürtig aus Jedwabno im Kreis Neidenburg in Ermland-Masuren, Witwe des zu Jedwabno verstorbenen Tagelöhners Jacob Kadelka, † Bulmke 16. Juni 1896 im Alter von 66 Jahren (Todesfall angezeigt vom Händler Johann Dominik)

Marianna Misiaczyk, geb. Kson, gebürtig aus Katarzynowo in Posen, Ehefrau des Bergmanns Lorenz Misiaczyk, † Hüllen 26. Juni 1896 im Alter von 25 Jahren

Elisabeth Dilewski, gebürtig aus Sensburg (Mrągowo) in der Woiwodschaft Ermland-Masuren, Tochter des Bergmanns Friedrich Dilewski und seiner Ehefrau Antonie, geb. Grieß, † Braubauerschaft 8. Juli 1896 im Alter von drei Jahren

Johanna Juliane Weihrich, geb. Thäßler, Witwe des zu Gablau verstorbenen Bergmanns Benjamin Weihrich, gebürtig aus Gottesberg (Boguszów) im Kreis Waldenburg in Niederschlesien, † Bulmke 23. Juli 1896 im Alter von 81 Jahren (Todesfall angezeigt von der Ehefrau Louise Hampel, in deren Haushalt die Verstorbene gewohnt hatte)

Catharina Pudzikowski, geb. Zenietzki, gebürtig aus Schliewen (Śliwiny) im Kreis Dirschau in Westpreußen, Witwe des zu Bulmke verstorbenen Bergtagelöhners Andreas Zenietzki, † Bulmke 27. Juli 1896 im Alter von 71 Jahren (Todesfall angezeigt von der Ehefrau Auguste Labusch, in deren Haushalt die Verstorbene gewohnt hatte)

Friedrich Kuschmnersz, Bergmann, gebürtig aus Zimnowoda im Kreis Neidenburg in Ostpreußen, Ehemann der anzeigenden Catharina Kuschmnersz, geb. Andrioff, † Bulmke 8. August 1896 im Alter von 45 Jahren

Am 15. August 1896 hatte Stadtsekretär Heinrich Große Thie eine Mitteilung der Polizeiverwaltung zu übertragen. Auf der Zeche Consolidation, Schacht III, war ein junger Mann verunglückt:

„*No. 342.*

Braubauerschaft, 15. August 1896.

Auf Grund der Mittheilung der hiesigen Polizei-Verwaltung vom heutigen Tage, J. No. 7722 II, ist heute eingetragen worden, daß der Bergmann Michael Glinka, 30 Jahre, 11 Monate, 3 Tage alt, katholischer Religion, wohnhaft zu Brau-

bauerschaft, Bahnhofstraße No. 57, geboren zu Montwitz, Kreis Ortelsburg, verheirathet gewesen mit der zu Braubauerschaft wohnenden Henriette geborenen Bombosch, Sohn des zu Groß-Leschienen verstorbenen Tagelöhners Adam Glinka und dessen zu Groß-Radzienen wohnenden Ehefrau Catharina geborenen Schwitalski zu Braubauerschaft, auf der Zeche Consolidation, Schacht III, am zwölften August des Jahres tausend achthundert neunzig und sechs, Vormittags um elf drei viertel Uhr verstorben ist.

Der Standesbeamte
In Vertretung
Große – Thie.
Den gesammten Vordruck gelöscht.
Der Standesbeamte
In Vertretung
Große – Thie."

Weitere Eintragungen im offensichtlich ruhrpolnischen Kontext:

Friedrich Teichmann, Bergmann, gebürtig aus Alt Lässig (Stary Lesieniec) im Kreis Waldenburg in Niederschlesien, Ehemann der anzeigenden Pauline Teichmann, geb. Nitsche, † Braubauerschaft 18. August 1896 im Alter von 50 Jahren

Anastasius Sabinski, gebürtig aus Groß Schönbrück (Szembruk) im Kreis Graudenz, Sohn des Koksarbeiters Michael Sabinski und seiner Ehefrau Martha, geb. Scheklinska, † Hüllen 26. August 1896 im Alter von einem Jahr und neun Tagen

Anna Pletowski, geb. Polett, gebürtig aus Groß Purden (Purda) im Kreis Allenstein in Ermland-Masuren, Ehefrau des Bergmanns August Pletowski, † Hüllen 28. August 1896 im Alter von 45 Jahren

Am 5. September 1896 hatte Stadtsekretär Heinrich Große-Thie eine Mitteilung der Polizeiverwaltung zu übertragen. Auf dem Gelände der Schachtanlage III der Zeche Consolidation war ein Steiger tödlich verunglückt:

„*No. 374.*

Braubauerschaft, 5. September 1896.

Auf Grund der Mittheilung der hiesigen Polizei-Verwaltung vom heutigen Tage, J. No. 8505 II, ist heute eingetragen worden, daß der Steiger Friedrich Rolland, 50 Jahre, 6 Monate, 11 Tage alt, katholischer Religion, wohnhaft zu Braubauerschaft, Bahnhofstraße No. 137, geboren zu Werden an der Ruhr, Kreis Essen, verheirathet gewesen mit der zu Braubauerschaft verstorbenen Mathilde geborenen König, Sohn des zu Kupferdreh verstorbenen Kötters Ludwig Rolland und dessen unbekannt wohnenden Ehefrau Christine geborenen Mick, zu Braubauerschaft, auf Schacht III der Zeche Consolidation am dritten September des Jahres tausend achthundert neunzig und sechs, Vormittags um sieben ein halb Uhr verstorben ist.

Der Standesbeamte
[…] *Große – Thie.* […]"

Unterm 9. September 1896 hatte der Standesbeamte den Tod eines aus den USA stammenden Kindes einzutragen, und zwar der zwei Jahre alten Emma Kapteina, gebürtig aus Creighton in Pennsylvania und Tochter der in Braubauerschaft wohnenden Eheleute Fabrikarbeiter Mathias Kapteina und Eva Kapteina, geborene Buzan.

Weitere Eintragungen im offensichtlich ruhrpolnischen Kontext:

Wilhelmine Nikel, geb. Chilinski, gebürtig aus Januschkau (Januszkowo) im Kreis Osterode in Ostpreußen, Ehefrau des Fabrikarbeiters Carl Nikel, † Bulmke 24. September 1896 im Alter von 30 Jahren

Helene Olschewski, gebürtig aus Wernersdorf (Pogorzała Wieś) im Kreis Marienburg (Westpreußen), Tochter des Fabrikarbeiters Michael Olschewski und seiner Ehefrau Auguste, geb. Guth, † Bulmke 24. September 1896 im Alter von einem Jahr und zwei Monaten

Am 25. September 1896 hatte Stadtsekretär Heinrich Große-Thie eine Mitteilung der Polizeiverwaltung zu übertragen. Auf den Hochöfen des Schalker Gruben- und Hüttenvereins war ein Fabrikarbeiter tot aufgefunden worden:[59]

„No. 410.

Braubauerschaft, 25. September 1896.

Auf Grund der Mittheilung der hiesigen Polizei-Verwaltung vom heutigen Tage, J. No. 9298 II, ist heute eingetragen worden, daß der Fabrikarbeiter Ferdinand Pelz, 42 Jahre, 8 Monate, 16 Tage alt, evangelischer Religion, wohnhaft zu Bulmke, Wannerstraße No. 90, geboren zu Groß-Wilmsdorf, Kreis Mohrungen, verheirathet gewesen mit der zu Bulmke, Wannerstraße No. 90 wohnenden Henriette geborenen Lungwitz, Sohn der zu Segerswalde wohnenden Eheleute Arbeiter Ferdinand Pelz und Christine geborenen Gerlach, zu Bulmke auf den Hochöfen des Schalker Gruben- und Hütten-Vereins am ein und zwanzigsten September des Jahres tausend achthundert neunzig und sechs, Nachmittags um zwölf Uhr todt aufgefunden worden ist. Derselbe ist an dem genannten Tage zwischen zehn und zwölf Uhr Nachmittags verstorben.

Der Standesbeamte:
In Vertretung:
Große – Thie. [...]
Statt „Wilhelm" auf Zeile 8 von oben muß es „Ferdinand" heißen.
Der Standesbeamte:
In Vertretung:
Große – Thie."

[59] „Durchweg haben die Arbeiter wie auf allen Hochöfen unter Sonnen- und Ofenhitze, Gas, Staub, namentlich aber, da diese im Freien arbeiten, unter den Witterungsverhältnissen zu leiden." (Franz Wieber: Der Arbeiterschutz in der gesundheitsschädlichen und schweren Industrie nebst statistischen Erhebungen über Lohn, Arbeitszeit und hygienische Verhältnisse in den Hüttenwerken, Christlicher Metallarbeiter-Verband Deutschlands, Duisburg 1909, S. 202.) Von den sechs Gelsenkirchener Hochöfen standen fünf, auf der Duisburger Anlage alle drei Öfen das ganze Jahr hindurch im Feuer. (Stahl und Eisen, 1908, S. 494.)

Weitere Eintragungen im offensichtlich ruhrpolnischen Kontext:

Bertha Ermlich, geb. Härtel, gebürtig aus Hohengiersdorf (Gałązczyce) im Kreis Schweidnitz in Niederschlesien, Ehefrau des Bergmanns Wilhelm Ermlich und Tochter eines in Schalke wohnenden Bergtagelöhner-Ehepaars, † Braubauerschaft 1. Oktober 1896 im Alter von 37 Jahren

Eleonore Herschel, geb. Rauhut, gebürtig aus Deutsch Presse im Kreis Kosten in Posen, Witwe des zu Bulmke verstorbenen Maurers Gottlob Herschel, † Bulmke 1. Oktober 1896 im Alter von 77 Jahren (Todesfall angezeigt vom Maurer Wilhelm Herschel, in dessen Haushalt die Verstorbene gewohnt hatte)

Antonie Ludwiczak, gebürtig aus Czempin (Czempiń) im Kreis Kosten in Posen, Tochter des Fabrikarbeiters Martin Ludwiczak und seiner Ehefrau Catharina, geb. Idzeiczak, † Bulmke 4. Oktober 1896 im Alter von vier Monaten

Michael Schlensack, Fabrikarbeiter, gebürtig aus Klein Jerutten (Jerutki) im Kreis Ortelsburg in Ostpreußen, Sohn der verstorbenen Eheleute Kötter Michael Schlensack und Eva, geb. Jaschenski, † Braubauerschaft 11. Oktober 1896 im Alter von 61 Jahren (in der Nachbarwohnung des anzeigenden Bergmanns Martin Schlensack)

August Rudzik, gebürtig aus Zabienten im Kreis Sensburg in Ostpreußen, Sohn des Bergmanns Michael Rudzik und seiner Ehefrau Louise, geb. Kuschmierz, † Braubauerschaft 13. Oktober 1896 im Alter von einem Jahr und zehn Tagen

Julius Johann Kulschewski, gebürtig aus Sawadden (Zawady Ełckie) im Kreis Lyck in Ostpreußen, Sohn des Fabrikarbeiters Gottlieb Kulschewski und seiner Ehefrau Charlotte, geb. Jotzo, † Braubauerschaft 18. Oktober 1896 im Alter von drei Monaten

Anna Schlebrowski, geb. Zakowski, gebürtig aus Kronau (Kronowo) im Kreis Allenstein in Ostpreußen, Ehefrau des Bergmanns Mathias Schlebrowski, † Hüllen 20. Oktober 1896 im Alter von 33 Jahren

Maria Grzywatz, geb. Loch, gebürtig aus Gimmendorf (Zgniłocha) im Kreis Neidenburg in Ermland-Masuren, Ehefrau des Fabrikarbeiters Johann Grzywatz, † Bulmke 22. Oktober 1896 im Alter von 39 Jahren

Maria Basch, gebürtig aus Haasenberg (Labuszewo) im Kreis Ortelsburg in Ermland-Masuren, Tochter des Bergmanns Martin Basch und seiner Ehefrau Bertha, geb. Kuzewski, † Braubauerschaft 25. Oktober 1896 im Alter von einem Jahr und zwölf Tagen

Anna Hantke, geb. Bengner, gebürtig aus Groß Kaschütz (Kaszyce Wielkie) im Kreis Militsch in Niederschlesien, Ehefrau des Fabrikarbeiters Carl Hantke, † Braubauerschaft 31. Oktober 1896 im Alter von 35 Jahren

Wilhelmine Bukowski, geb. Libuda, gebürtig aus Moschnitz (Mosznica) im Kreis Osterode in Ostpreußen, Ehefrau des Bergmanns Wilhelm Bukowski, † Bulmke 2. November 1896 im Alter von 35 Jahren

Am 5. November 1896 verloren die Eheleute Fabrikarbeiter Adam und Caroline Kalianowski, geb. Sobottka, in Hüllen, Wannerstraße 50, ihre frühmorgens kurz vor drei Uhr geborenen Drillinge.

Julie Karla, gebürtig aus Waschulken (Waszulki) im Kreis Neidenburg in Ermland-Masuren, Tochter des Bergmanns Gustav Karla und seiner Ehefrau Gottliebe, geb. Tadday, † Braubauerschaft 25. Oktober 1896 im Alter von sieben Jahren und neun Monaten

Gottlieb Domning, Ziegeleiarbeiter, gebürtig aus Menturren (Solowjowo, nicht mehr existenter Ort) im Kreis Darkehmen in Ostpreußen, verheiratet gewesen mit der zu Ostkehmen (Osieki) verstorbenen Jestine, geb. Mehl, Sohn der verstorbenen Eheleute Ackerer Christian Domning und Bertha, geb. Hermanns, † Braubauerschaft 18. November 1896 im Alter von 66 Jahren (in der Wohnung des anzeigenden Bergmanns Eduard Domning)

Maria Mayk, gebürtig aus Liebenberg (Klon) im Kreis Ortelsburg in Ermland-Masuren, Tochter des Bergtagelöhners Johann Mayk und seiner Ehefrau Maria, geb. Marquaß, † Braubauerschaft 19. November 1896 im Alter von einem Jahr und 14 Tagen

Josef Herrmann, Bergmann, gebürtig aus Löwitz (Lewice) im Kreis Leobschütz in Oberschlesien, Ehemann der anzeigenden Josepha Herrmann, geb. Viola, † Braubauerschaft 19. November 1896 im Alter von 54 Jahren

Charlotte Rogalla, geb. Fraßa, gebürtig aus Groß Leschienen (Lesiny Wielkie) im Kreis Ortelsburg in Ermland-Masuren, Ehefrau des Fabrikarbeiters Friedrich Rogalla, † Braubauerschaft 22. November 1896 im Alter von 50 Jahren

Karl Kowalski, Bergmann, gebürtig aus Beutnerdorf (Bartna Strona) im Kreis Ortelsburg in Ermland-Masuren, Ehemann der anzeigenden Anna Kowalski, geb. Goronzy, † Braubauerschaft 2. Dezember 1896 im Alter von 46 Jahren

Maria Schimanski, geb. Kapsa, gebürtig aus Malgaofen (Niedźwiedź) im Kreis Neidenburg in Ermland-Masuren, Ehefrau des zu Napiwoda in Ostpreußen verstorbenen Tagelöhners Karl Schimanski, † Bulmke 7. Dezember 1896 im Alter von 73 Jahren

Johann Kowalski, Bergtagelöhner, gebürtig aus Grünhagen (Gronajny) im Kreis Stuhm in Westpreußen, Ehemann der anzeigenden Anna Kowalski, geb. Erdtmann, † Braubauerschaft 8. Dezember 1896 im Alter von 52 Jahren

Caroline Hecht, gebürtig aus Passenheim (Pasym) im Kreis Ortelsburg in Ermland-Masuren, Tochter des verstorbenen Fabrikarbeiters Jacob Hecht und dessen Ehefrau Wilhelmine, geb. Poploch, † Braubauerschaft 12. Dezember 1896 im Alter von neun Jahren (in der Wohnung des anzeigenden Bergmanns Karl Gresch)

Maria Wisniewski, geb. Szittek, gebürtig aus Kalidke im Kreis Allenstein im Ermland (Ostpreußen), Ehefrau des verstorbenen Bergtagelöhners Johann Wisniewski, † Braubauerschaft 19. Dezember 1896 im Alter von 77 Jahren (in der Wohnung des anzeigenden Bergmanns Joachim Thomaschewski)

Am 19. Dezember 1896 hatte Stadtsekretär Heinrich Große-Thie eine Mitteilung der Polizeiverwaltung zu übertragen. Auf den Hochöfen des Schalker Gruben- und Hüttenvereins war ein Fabrikarbeiter tot aufgefunden worden:

„*No. 531.*

Braubauerschaft, 19. Dezember 1896.

Auf Grund der Mittheilung der hiesigen Polizeiverwaltung vom heutigen Tage, J. No. 11581 II wird hiermit vermerkt, daß die gewerblose Martha Teschner geborene Richter, 54 Jahre, 8 Monat 23 Tage alt, evangelischer Religion, wohnhaft zu Braubauerschaft, III. Coloniestraße No. 9^a, bei ihrem Ehemanne, geboren zu Liegnitz in Schlesien, verheirathet gewesen mit dem zu Braubauerschaft, III. Coloniestraße No. 9^a, wohnenden Bergmann Hermann Teschner, Tochter der zu Liegnitz verstorbenen Eheleute Thierarzt Gottlieb Richter und Louise geborenen Völkel, zu Braubauerschaft in der Wohnung ihres Mannes am siebenzehnten December des Jahres tausend achthundert neunzig und sechs, Vormittags um einhalb ein Uhr verstorben sei.

Der Standesbeamte:
In Vertretung:
Große – Thie.
[...]“

Wenn nicht ohnehin schon ausgesprochen traurig, so muss es dem Fabrikarbeiter Wilhelm Wächter und seiner Frau Amalie, geborene Horn, zu Bulmke, Karlstr. 3, umso schlimmer ergangen sein, dass ihnen am Heiligen Abend des Jahres 1896 zur Mittagszeit ein Kind totgeboren wurde. Zur Weihnachtszeit hatten noch weitere Familien in Braubauerschaft und Hüllen den Tod ihrer Kleinsten zu beklagen.

Weitere Eintragungen im offensichtlich ruhrpolnischen Kontext folgten zwischen Feiertagen nicht. Der Standesbeamte füllte am 31. Dezember 1896 die letzte Seite des Bandes II des Neben-Exemplars des Sterberegisters für das Jahr 1896 aus und schloss ihn mit insgesamt 72 Eintragungen ab.

Die Liste ließe sich nahezu endlos fortführen, die beispielhafte Momentaufnahme umfasst hier nicht einmal zwei Jahre.

1901 erlebte Gelsenkirchen eine Typhusepidemie mit 3000 Erkrankten und 350 Toten. Die Gelsenkirchener Wasserwerke hatten die Epidemie verursacht, weil sie ungereinigtes Ruhrwasser in ihr Netz eingespeist hatten. Im Zeitraum 1900–1903 wurden Gelsenkirchen und die umliegenden Gemeinden von einer Ruhrepidemie heimgesucht. Die Seuche wurde durch heimkehrende Arbeiter, Ziegeleiarbeiter, Lumpensammler, spielende Kinder etc. 1902 auch – von der Nordstraße in Gelsenkirchen aus – nach dem bis dahin freien Hüllen verschleppt (Wanner Straße, Bergstraße, Wilhelmstraße). 1903 traten keine Fälle mehr auf.[60]

[60] Klinisches Jahrbuch, im Auftrage des Königlich Preußischen Herrn Ministers der geistlichen, Unterrichts- und Medizinal-Angelegenheiten, Gustav Fischer, Jena 1904, S. 425.

Überhaupt ist eine geringe Lebenserwartung im 19. Jahrhundert zu erkennen. Eine durchschnittliche Lebenserwartung von 40 Jahren, jedes dritte Kind starb vor seinem fünften Geburtstag, fast 40 Prozent der Bevölkerung jünger als 15 – was nach den demographischen Verhältnissen eines Entwicklungslandes klingt, beschreibt Zustände, wie sie in den 1880er Jahren in Westfalen herrschten.

Im April 1903 wurden die selbstständigen Gemeinden Bismarck (bis 1900 Braubauerschaft), Schalke, Heßler, Bulmke, Hüllen und Ückendorf nach Gelsenkirchen eingemeindet, das dadurch zu einer Großstadt mit rund 138.000 Einwohnern wurde.

Am 18. April 1911 fand in Gelsenkirchen die Delegiertenversammlung des „Verbandes der polnisch-katholischen Vereine in der Fremde" statt. Dem Verband gehörten 95 in acht Gaue eingeteilte Vereine mit über 9000 Mitgliedern an. Im Bericht dazu heißt es: „Die polnische Kolonie Hüllen, die gegenwärtig der Stadt Gelsenkirchen einverleibt ist, zählt etwa 1700 Polen, darunter allerdings 1000 Masuren evangelischen Bekenntnisses. An polnischen Vereinen gibt es dort 7. Das polnische Gewerbe ist vertreten durch 13 Gewerbetreibende."[61]

Außer der Zeche Pluto in Wanne-Eickel mit einem Feld von 6,83 Millionen Quadratmetern und den beiden Schachtanlagen Pluto-Thies und Pluto-Wilhelm besaß der Schalker Gruben- und Hüttenverein 1907 eine Hochofenanlage in Gelsenkirchen-Bulmke, eine Gießerei in Gelsenkirchen-Hüllen, die Hochofenanlage Vulkan in Duisburg-Hochfeld sowie 192 Eisenerzfelder im Rheinland und in Hessen. Dazu verlautet in einem Jahresbericht über das Wirtschaftsjahr 1906:

„Der Schalker Gruben- und Hüttenverein verfügt über zwei Hochofen-Anlagen; die eine befindet sich in Gelsenkirchen-Bulmke mit 6 Hochöfen, die andere in Hochfeld-Duisburg mit 3 Hochöfen. Ferner gehören zu dem Werk eine Gießereianlage großen Stils in Gelsenkirchen-Hüllen, 192 Eisensteingrubenfelder und zwei Steinkohlenzechen."[62]

„Zum Schalker Gruben- und Hüttenverein gehören folgende Anlagen:

a) 1 Hochofenanlage in Gelsenkirchen-Bulmke ...
b) 1 Hochofenanlage, Abteilung Vulkan in Hochfeld-Duisburg ...
c) 1 Gießereianlage in Gelsenkirchen-Hüllen mit 1 mechanischen Werkstatt, 3 Formgießereien, 1 Schreinerei, 1 Strohseilspinnerei, 1 elektrischen Zentrale, 128 Elektromotoren und 1 Reparaturwerkstatt;
d) Steinkohlenzeche Pluto in Wanne;
e) 192 Eisensteingrubenfelder in Rheinland, Hessen-Nassau und Großherzogtum Hessen."[63]

[61] Deutscher Geschichtskalender, Verlag von Felix Meiner, Leipzig 1911, S. 112.
[62] Richard Calwer: Das Wirtschaftsjahr 1906. Jahresberichte über den Wirtschafts- und Arbeitsmarkt. Erster Teil: Handel und Wandel. Verlag von Gustav Fischer, Jena 1907. S. 41.
[63] Verhandlungen des Reichstags, Band 240, Druck und Verlag der Norddeutschen Buchdruckerei und Verlags-Anstalt, Berlin 1907, S. 145.

1912 umfasste die Gießereianlage in Gelsenkirchen-Hüllen 3 Röhrengießereien, 1 Tübbingswerkstatt, 3 mechanische Werkstätten, 4 Fassongießereien, 2 Schreinereien, 1 Strohseilspinnerei, 1 elektrische Zentrale, 36 Elektromotoren mit einer Leistung von 4840 PS und 1 Reparaturwerkstätte.[64]

In der „Polennachweisung" von 1912 – zahlenmäßige Angaben über das Polentum im rheinisch-westfälischen Industriebezirk – sind nur Angaben über Kirchengemeinden zu finden, in denen Polen besonders stark vertreten waren. Von den 33 angeführten Gemeinden, darunter befindet sich auch die Herz-Jesu-Gemeinde in Bottrop, liegt nur eine in Gelsenkirchen, und zwar die katholische Kirchengemeinde in Hüllen. Dort stellten die Polen zu 75 % (6 von 8 Sitzen) den Kirchenvorstand und zu 70,8 % (17 von 24 Sitzen) die Kirchengemeindevertretung. In der dortigen Herz-Jesu-Pfarrei hatten die Polen auch 1920 noch die stärkste Position. Sie stellten die Mehrheit im Kirchenvorstand (6 polnische Namen von 11) und in der kirchlichen Gemeindevertretung (16 von 28 Sitzen).[65]

Gelsenkirchen war im Zeitraum 1940–1945 mehrfach Bombenangriffen ausgesetzt, am 19. März 1945 forderte ein schwerer Bombenangriff auf die Altstadt, Bulmke, Hüllen und Schalke 180 Tote, den einrückenden Amerikanern bot sich die Stadt als von Bomben zerpflückte Trümmerwüste dar. Der Wiederaufbau Gelsenkirchens war 1950 bis auf die Stadtteile Schalke und Hüllen im Wesentlichen abgeschlossen.

„Verband der polnisch-katholischen Vereine in der Fremde

18. April. In Gelsenkirchen findet die Delegiertenversammlung des Verbandes der polnisch-katholischen Vereine in der Fremde statt.

Dem Verbande gehören 95 in 8 Gaue eingeteilte Vereine mit über 9000 Mitgliedern an. Der Kassenbestand betrug am Ende des Jahres 1910 1078,90 Mark. Auch über die polnischen Kolonien können wir, so bemerkt die Korrespondenz ‚Der Osten', diesmal recht interessante Zahlen mitteilen. Die polnische Kolonie Osterfeld zählt 4000 Seelen. Zur Befriedigung ihres nationalen Bedürfnisses dienen 8 Vereine, die sich sehr günstig entwickeln. Unter den 1000 Einwohnern der Gemeinde Röllinghausen, Kreis Recklinghausen, gibt es 600 Polen. Es bestehen dort 2 polnische Vereine mit zusammen 400 Mitgliedern. 6 Polen betreiben Kolonialwarengeschäfte und einer einen Gemüsehandel. Die polnische Kolonie Haspe, Kreis Hagen, weist 700 Polen auf. Davon sind 120 in 3 Vereinen organisiert. Die polnische Kolonie Hüllen, die gegenwärtig der Stadt Gelsenkirchen einverleibt ist, zählt etwa 1700 Polen, darunter allerdings 1000 Masuren evangelischen Bekenntnisses. An polnischen Vereinen gibt es dort 7. Das polnische Gewerbe ist vertreten durch 13 Gewerbetreibende. Horsthausen-Herne zählt 3000 Polen, von denen ein Teil in 5 Vereinen organisiert ist. In Dinslaken bei Bruckhausen, einer der kleinsten polnischen Kolonien, wohnen etwa 150 Polen, von denen etwa 60 organisiert sind. In Witten gibt es etwa 3000 Polen, die überwiegend aus der Provinz Posen stammen. Ihr nationales Bedürfnis befriedigen sie in 7 Vereinen. Im Kirchen-

---

[64] Die Schwerindustrie im deutschen Zollgebiet, 1912, S. 213.

[65] Valentina Maria Stefanski: Zum Prozeß der Emanzipation und Integration von Außenseitern – Polnische Arbeitsmigranten im Ruhrgebiet, Schriften des Deutsch-Polnischen Länderkreises Nr. 6, Rheinisch-Westfälische Auslandsgesellschaft e.V., Dortmund 1984, unter Verweis auf Stadtarchiv Gelsenkirchen: Stadtverwaltung zu Buer II/5/6 (1912) und Einwohnerbuch der Stadt Gelsenkirchen 1920, S. I 29.

vorstande haben die Polen einen Vertreter. Die polnische Kolonie in Hamme zählt etwa 400 erwachsene Polen, die in 4 Vereinen organisiert sind. In der Gemeinde Werne und Umgegend wohnen über 200 Polen, die sich in zwei Vereinen zusammengeschlossen haben. In Mengede gibt es 4 polnische Vereine. Alle diese Vereine entwickeln eine rege nationale Tätigkeit, indem sie alle polnischen Gedenktage, wie z. B. im letzten Jahre das Slowacki- und Grunwald-Jubiläum, besonders feierlich begehen. Daneben bieten sie ihren Mitgliedern durch Theateraufführungen, die selbstverständlich fast immer auf nationalem Boden spielen, angenehme Zerstreuung. Auf diese Weise fühlt sich das Polentum in der sogenannten Fremde wohler als zu Hause (Provinz Posen usw.), was auch schon daraus hervorgeht, daß die Organisation der Polen im Westen Deutschlands eine viel straffere und stärkere ist; als Beispiel mag nur angeführt werden, daß z. B. im Sokolverbande, dessen Organisation sich in der Hauptsache über Posen, Westpreußen und Oberschlesien erstreckt, zahlenmäßig die Polen im Westen ein sehr bedeutendes Übergewicht haben."

Quelle:

Deutscher Geschichtskalender, Verlag von Felix Meiner, Leipzig 1911, S. 112

***

Polnisches Marienfest in Gelsenkirchen, ca. 1880, Schwarz-weiß-Fotografie mit der polnischen Bleistiftaufschrift auf der Rückseite: „Gelsenkirchen, N.M.P., uroczystości Mariackie", mit einem Stempel der Vereinigung der Katholischen Polinnen aus Röhlinghausen (heute Herne) und einem zeitgenössischen Stempel des Bundes der Polen in Deutschland e.V., 9 x 13,8 cm. Abdruck mit freundlicher Genehmigung von Porta Polonica – Dokumentationsstelle zur Kultur und Geschichte der Polen in Deutschland

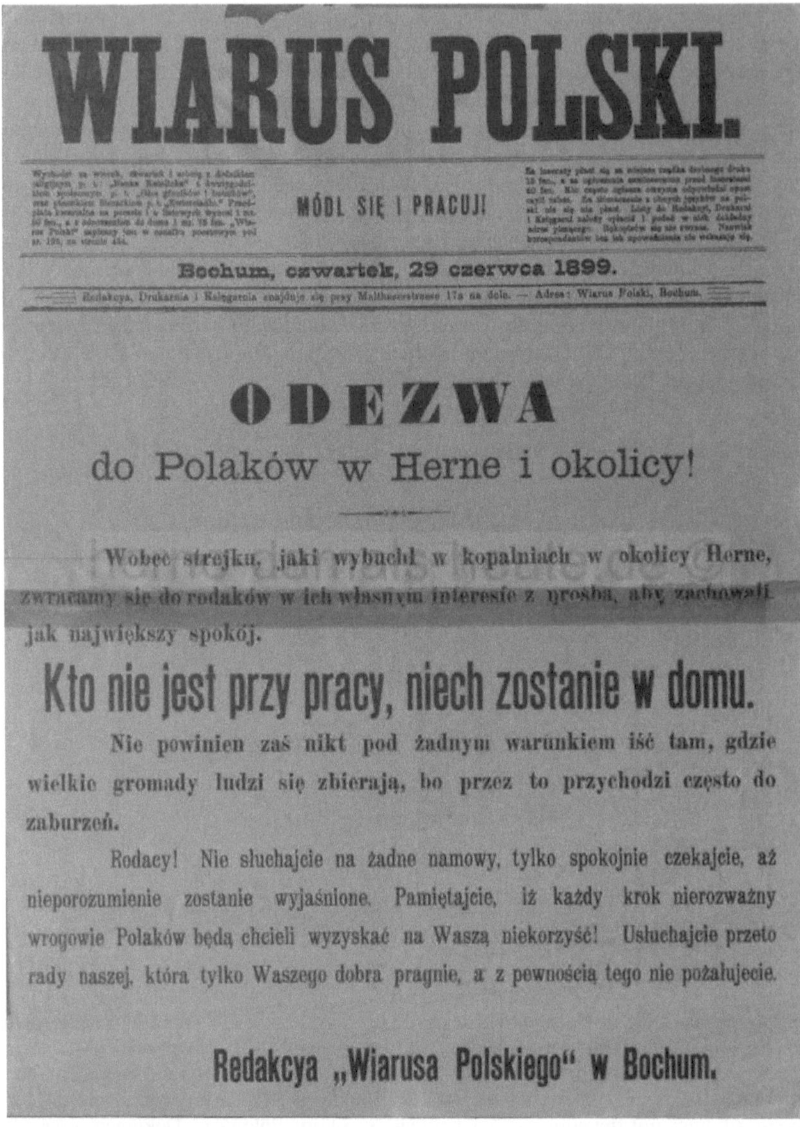

WIARUS POLSKI.

MÓDL SIĘ I PRACUJ!

Bochum, czwartek, 29 czerwca 1899.

ODEZWA

do Polaków w Herne i okolicy!

Wobec strejku, jaki wybuchł w kopalniach w okolicy Herne, zwracamy się do rodaków w ich własnym interesie z prośbą, aby zachowali jak największy spokój.

Kto nie jest przy pracy, niech zostanie w domu.

Nie powinien zaś nikt pod żadnym warunkiem iść tam, gdzie wielkie gromady ludzi się zbierają, bo przez to przychodzi często do zaburzeń.

Rodacy! Nie słuchajcie na żadne namowy, tylko spokojnie czekajcie, aż nieporozumienie zostanie wyjaśnione. Pamiętajcie, iż każdy krok nierozważny wrogowie Polaków będą chcieli wyzyskać na Waszą niekorzyść! Usłuchajcie przeto rady naszej, która tylko Waszego dobra pragnie, a z pewnością tego nie pożałujecie.

Redakcya „Wiarusa Polskiego“ w Bochum.

Anlässlich der Herner Bergarbeiterunruhen ruft die Redaktion der Zeitung „Wiarus Polski“ in Bochum ihre Landsleute mit diesem Flugblatt am 29. Juni 1899 zu Ruhe und Ordnung auf. Digitale Sammlung Blazek

Westdeutsches Eisenwerk in Essen-Kray, 1898 gegründet

Albert Eckenberg, geboren am 1. April 1857, wurde 1889 noch als Gießerei-Betriebsführer des Schalker Gruben- und Hüttenvereins in Hüllen bei Gelsenkirchen angegeben. Die 1872 von dem Essener Unternehmer Friedrich Grillo (1825–1888) gegründete AG Schalker Gruben- und Hütten-Verein bei Gelsenkirchen, deren Aufsichtsratsvorsitz Grillo innehatte, zählt zu den Ausnahmen unter den Eisen- und Stahlwerken, das heißt zu den gemischten Montanfirmen.

1898 wurde Albert Eckenberg mit Inbetriebnahme der neu gegründeten Westdeutschen Eisenwerke A.-G. in Kray bei Essen a. d. Ruhr eine besondere Aufgabe und Verantwortung zuteil. Ihm oblag von Beginn an die technische Leitung, bald wurde er Fabrikdirektor.

Das Westdeutsche Eisenwerk wurde am 2. Juli 1898 mit einem Aktienkapital von 1.500.000 Mark gegründet. Eine zweite Aktienausgabe in Höhe von 1.000.000 Mark erfolgte im Jahr 1900, sodass das Aktienkapital vom Geschäftsjahr 1. Juli 1900 bis 30. Juni 1901 2.500.000 Mark betrug.

In der Zeitschrift für Werkzeugmaschinen und Werkzeuge, Ausgabe vom 15. Juli 1898, herausgegeben vom Verein Deutscher Werkzeugmaschinenfabriken, Dr. Ernst Valentin Verlag in Berlin-Friedenau (S. 317), heißt es über die Neugründung: „**Westdeutsches Eisenwerk in Cray.** Dieses Unternehmen wurde mit einem Aktienkapital von 1½ Mill. Mk. gegründet. Die technische Leitung hat der Direktor Eckenberg, der bisherige langjährige Betriebschef der Röhrengießerei des Schalker Gruben- und Hüttenvereins übernommen. Das neue Werk wird sich hauptsächlich mit der Anfertigung von gusseisernen Röhren, sowie Gussteilen aller Art befassen."

„Eine Reihe größerer Betriebe, z. B. Maschinenbau-A.-G. »Union«, Blechwalzwerk Schulz-Knaudt, Westdeutsches Eisenwerk Kray, die neuen Bahnhofsanlagen in Essen sowie der Schlacht- und Viehhof in Essen werden dem Werke hunderte von Pferdekräften für Beleuchtung und Motorenbetrieb entnehmen", heißt es 1899 im „Journal für Gasbeleuchtung".

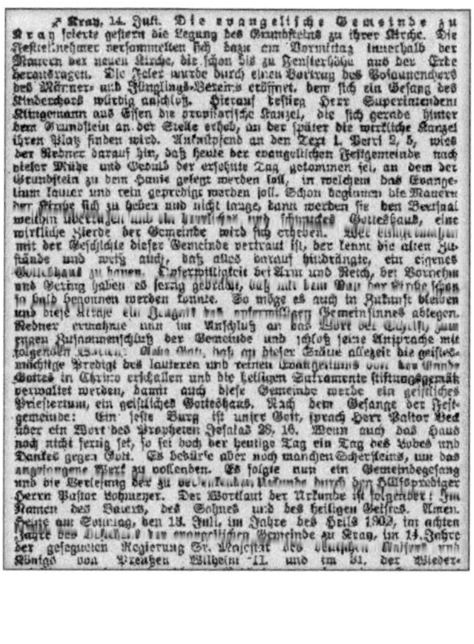

Kray, 14. Juli. Die evangelische Gemeinde zu Kray feierte gestern die Legung des Grundsteins zu ihrer Kirche. Die Festteilnehmer versammelten sich dazu am Vormittag innerhalb der Mauern der neuen Kirche, die schon bis zu Fensterhöhe aus der Erde herausragen. Die Feier wurde durch einen Vortrag des Posaunenchors des Männer- und Jünglings-Vereins eröffnet, dem sich ein Gesang des Kinderchors würdig anschloß. Hierauf bestieg Herr Superintendent Klingemann aus Essen die provisorische Kanzel, die sich gerade hinter dem Grundstein an der Stelle erhob, an der später die wirkliche Kanzel ihren Platz finden wird. Anknüpfend an den Text 1. Petri 2, 5, wies der Redner darauf hin, daß heute der evangelischen Festgemeinde nach vieler Mühe und Geduld der ersehnte Tag gekommen sei, an dem der Grundstein zu dem Hause gelegt werden soll, in welchem das Evangelium lauter und rein gepredigt werden soll. Schon beginnen die Mauern der Kirche sich zu heben und nicht lange, dann werden sie den Betsaal weithin überragen und ein [illegible] und schmuckes Gotteshaus, eine wirkliche Zierde der Gemeinde wird sich erheben. Wer einigermaßen mit der Geschichte dieser Gemeinde vertraut ist, der kennt die alten Zustände und weiß auch, daß alles darauf hindrängte, ein eigenes Gotteshaus zu bauen. Opferwilligkeit bei Arm und Reich, bei Vornehm und Gering haben es fertig gebracht, daß mit dem Bau der Kirche schon so bald begonnen werden konnte. So möge es auch in Zukunft bleiben und diese Kirche ein Zeugnis des opferwilligen Gemeinsinnes ablegen. Redner ermahnte nun im Anschluß an das Wort der Schrift, zum engen Zusammenschluß der Gemeinde und schloß seine Ansprache mit folgenden Worten: Gebe Gott, daß an dieser Stätte allezeit die geistesmächtige Predigt des lauteren und reinen Evangeliums von der Gnade Gottes in Christo erschallen und die heiligen Sakramente stiftungsgemäß verwaltet werden, damit auch diese Gemeinde werde ein geistliches Priestertum, ein geistliches Gotteshaus. Nach dem Gesange der Festgemeinde: Ein feste Burg ist unser Gott, sprach Herr Pastor Beck über ein Wort des Propheten Jesaias 28, 16. Wenn auch das Haus noch nicht fertig sei, so sei doch der heutige Tag ein Tag des Lobes und Dankes gegen Gott. Es bedürfe aber noch manchen Scherfleins, um das angefangene Werk zu vollenden. Es folgte nun ein Gemeindegesang und die Verlesung der zu versenkenden Urkunde durch den Hülfsprediger Herrn Pastor Bohmeyer. Der Wortlaut der Urkunde ist folgender: Im Namen des Vaters, des Sohnes und des heiligen Geistes. Amen. Heute am Sonntag, den 13. Juli, im Jahre des Heils 1902, im achten Jahre des Bestehens der evangelischen Gemeinde zu Kray, im 14. Jahre der gesegneten Regierung Sr. Majestät des deutschen Kaisers und Königs von Preußen Wilhelm II. und im 31. der Wieder-

Es gibt Hinweise darauf, dass dem Industriellen Eckenberg beim Wechsel nach Kray Arbeiter aus der polnischen Kolonie in Hüllen mit an den neuen Standort gefolgt sind. Das Westdeutsche Eisenwerk erhielt einen Bahnanschluss zum Bahnhof Kray-Süd.

← Der „General-Anzeiger" berichtet am 16. Juli 1902 ausführlich über die Grundsteinlegung. Digitale Sammlung Blazek

Bei der Grundsteinlegung für die evangelische Kirche zu Kray am 13. Juli 1902 zählte Albert Eckenberg neben dem Bürgermeister Carl Meyer (1857–1925) aus Stoppenberg und dem Grubendirektor der Zeche Bonifacius, Henry Dick (1832–1915), zu den prominenten weltlichen Gästen der Feierstunde. Mit der Patentnummer „E. 11 097“ wurde auf den Namen des Fabrikdirektors Albert Eckenberg unterm 19. August 1905 das Patent auf eine Dreh- und verschiebbare Muffenrohrverbindung in dem vom Kaiserlichen Patenamt herausgegebenen Patentblatt eingetragen.

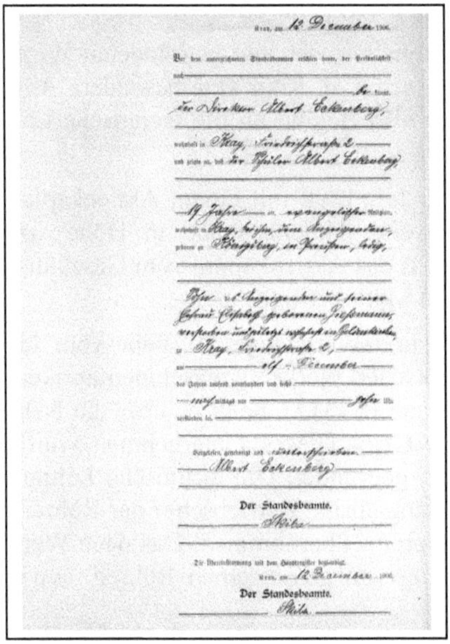

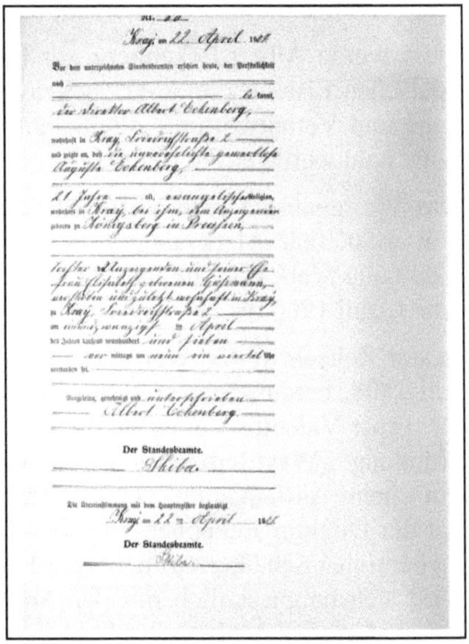

Private Schicksalsschläge für Direktor Albert Eckenberg, die er am 12. Dezember 1906 und 22. April 1907 auf dem Standesamt von Kray anzeigte. Erst verlor er den 19 Jahre alten Sohn Albert, dann die 21 Jahre alte Tochter Auguste. Digitale Sammlung Blazek

Im Börsenjahrbuch für 1914 heißt es über den aktuellen Aufsichtsrat und die Entwicklung des Betriebs: „**Westdeutsches Eisenwerk in Kray.** *Vorstand:* Alb. Eckenberg. — *Aufsichtsrat:* Vors.: Bergwerks-Dir. Herm. Heyer (Sodingen i. W.); sonst. Mitgl.: Bank-Dir. Franz Woltze (Essen), Fabrikant Friedr. Bäker (Wald b. Solingen), Gustav Dorsemagen (Neuss). — *Eingetr.:* 25./7. 1898. — *Sitz* in *Kray* (Amtsgericht Steele).

In das erste Geschäftsj. 1898/99 und auch noch vorwiegend in das zweite Geschäftsjahr 1899/1900 fiel die Ausführung der Werksanlagen. Im dritten Geschäftsjahre erlitt die Ges. durch den plötzlichen Preissturz der Rohstoffe auf (zu hohen Preisen geschlossene) Material[ien] einen Verlust von ca. 260 000 *M.* Aus diesem Grunde wurde von dem Gewinn von 218 943 *M* ein Betrag von 200 000 *M* für das folg. Jahr in Spez.-Res. gestellt und eine Div. nicht verteilt. Im fünften Geschäftsjahre betrug die Produkt. an Röhren, Tübbings, Formstücken u. sonstig. Guß 18 750 000 kg. Die Röhrengießerei II (für Röhren über 500 mm 1. W. u. bis 5 m Baulänge) kam gegen Ende 1905 in Betrieb. — 1909/10: Verstärkter Wettbewerb des Schmiederohrs. — 1910/11: Das Gußröhrensyndikat löste sich auf: es bildete sich ein Gußröhrenverband, der die Röhren bis 628 mm vertreibt, während die größeren Rohre dem eigenen Verkaufe der Werke bleiben.

Aktienkapital: 2 500 000 *M* in Aktien zu 1000 *M*.

Urspr. 1 500 000 *M*. – Lt. G.-V. v. 25./1. 1909 erhöht um 1 000 000 *M*."

Zum Ende des Jahres 1915 wurde der Vorstand des Westdeutschen Eisenwerks umgestellt. Direktor Eckenberg schied aus dem Vorstand aus, sein Sohn Wilhelm Eckenberg, am 13. November 1895 in Hüllen geboren, verlor die Prokura. In der „Werkzeugmaschine, Zeitschrift für den praktischen Maschinenbau", herausgegeben vom Dr. Ernst Valentin Verlag in Berlin-Friedenau, heißt es auf Seite 504 (15. Dezember 1915): **„Akt.-Ges. Westdeutsches Eisenwerk, Kray.** Der Direktor Albert Eckenberg ist aus dem Vorstande ausgeschieden. Die Prokura der Betriebsleiter Wilhelm Eckenberg und des Oberingenieurs Hermann Keibel in Kray ist erloschen. Der Direktor Karl Humperdinck und der Direktor Richard Schmitz in Kray sind zu Vorstandsmitgliedern bestellt."

Das Dienstgebäude des Vereins für die bergbaulichen Interessen im Oberbergamtsbezirk Dortmund in Essen-Ruhr, aus: Ernst Jüngst, wie oben, Essen 1908. Digitale Samml. Blazek

Im Jahr 1915 wurde der aus Witten (Ruhr) stammende Gießereifachmann Carl Humperdinck (1875–1933) Leiter der Westdeutschen Eisenwerke A. G.

Als Albert Eckenberg am 26. Januar 1916 starb, wurde er in der „Zeitschrift für angewandte Chemie" als Aufsichtsratsmitglied der Sprengstoffwerke Glückauf A.-G. in Hamburg angegeben.

Generaldirektor Hermann Heyer in Sodingen i. W., Bezirk Herne, der Vorsitzender des Aufsichtsrats geblieben war, war damals (1918) Vorsitzender des Aufsichtsrats der Sprengstoffwerke Glückauf A.-G. in Hamburg und der Westdeutschen Eisenwerk A.-G. in Kray, Mitglied des Aufsichtsrats der Deutschen Mondgas und Nebenprodukten G.m.b.H., Vorsitzender des Gruben-Vorstandes der Gewerkschaft Arnsbach im Bezirk Kassel sowie Mitglied des Gruben-Vorstandes der Gewerkschaft Eduard in Frankfurt a. M. und der Gewerkschaft Pionier Duisburg Ruhrort.

Apropos Sprengstoffwerke Glückauf A.-G.: Zwei dicht aufeinander folgende Explosionen verwüsteten am 10. Februar 1917 die „Hamburger Explosivstoffwerke Max Thorn“ in Minutenschnelle. Die Gebäude der unmittelbar benachbarten „Sprengstoffwerke Glückauf“ konnten zwar den gewaltigen Druckwellen trotzen, wurden aber von den überall entfachten Bränden stark in Mitleidenschaft gezogen.

Essen-Kray besitzt mit den Tagesanlagen der Zeche Bonifacius 1/2 an der Rotthauser Straße ein hochrangiges Industriedenkmal. Dort lag die von 1857 bis 1863 errichtete Zeche Bonifacius, die zunächst 1857 mit der Abteufung von Schacht 1 begann. 1863 konnte die Förderung aufgenommen werden. Die Zechengründung bewirkte ein Aufblühen des Ortes Kray. 1870 wurde in Kray die erste Bergarbeiterkolonie gegründet, um 1900 siedelten sich dort weitere Industriebetriebe und Ziegeleien an.

Werksleiter Carl Humperdinck betrieb, da das Eisenwerk in Kray über keine eigene Rohstoffgrundlage verfügte, zum 23. Mai 1919 die Fusion mit dem Gießerei-Konzern Buderus, in dessen Vorstand er bald darauf als technischer Direktor aller Werksabteilungen berufen wurde.

Buderus‘sche Eisenwerke Wetzlar, Werk Essen-Kray (Radierung).
Digitale Sammlung Blazek

Das mit Wirkung vom 1. Januar 1919 an die Buderus‘schen Eisenwerke übergegangene Westdeutsche Eisenwerk in Essen-Kray konnte bei der Verschmelzung bereits auf eine 20-jährige Entwicklung zurückblicken. Entstanden war das

Werk Essen-Kray der Aktiengesellschaft Buderus'sche Eisenwerke, Wetzlar/Lahn. Der Eintrag in dem im Verlag Gerhard S. Knop in Essen erschienenen Jahrbuch „Eisen und Stahl" lautete 1921: „Westdeutsches Eisenwerk in Kray b. Essen (Buderus'sche Eisenwerke A.-G.)". Als Oberingenieur und Handlungsbevollmächtigter der Buderus'schen Eisenwerke, Abt. Kray, wurde damals (1922) der Werksdirektor Martin Wolf angegeben. Das Werk wurde 1971 stillgelegt, als das dort hergestellte Hauptprodukt, die gusseiserne Badewanne, am Markt nicht mehr mit der leichteren und auch wesentlich preiswerter herzustellenden Stahlbadewanne konkurrieren konnte.

Albert Eckenbergs Sohn Wilhelm machte nach seiner Tätigkeit im Westdeutschen Eisenwerk Karriere im Daimler-Benz-Konzern. Im April 1941 setzte das Reichsluftfahrtministerium in Berlin zwei Manager von Daimler-Benz ein, nämlich ihn, Dr.-Ing. Wilhelm Eckenberg, seit 1937 stellvertretender „Betriebsführer" der Junkers Flugzeug- und Motorenwerke A.-G. in Dessau, als technischen Direktor und Werkleiter und den kaufmännischen Geschäftsführer Paul Tappert, im Vorstand der Flugmotorenwerke „Ostmark" GmbH in Wiener Neudorf, die 1941 vom Daimler-Benz-Konzern übernommen wurden. Das Parteibuch der NSDAP führte Wilhelm Eckenberg seit dem 1. Mai 1933. Im Juni 1943 löste der Generaldirektor von Steyr-Daimler-Puch, der hochdekorierte SS-Führer und enge Vertraute von Hermann Göring Dr. Georg Meindl (1899–1945), den mittlerweile (1942) in den Daimler-Benz-Vorstand kooptierten und schwer erkrankten Geschäftsführer Wilhelm Eckenberg ab, der kurz darauf, am 31. Juli 1943, starb.

Essen im Ruhrgebiet, Blick auf die Krupp'schen Werke. 1904 zählte man insgesamt 51.000 Werksangehörige der Krupp-Gussstahlfabrik. Zwischen 1908 und 1910 wurde an der Altendorfer Straße die Krupp-Hauptverwaltung mit charakteristischem Turm errichtet (heute befindet sich hier eine Porsche-Niederlassung). 1910 arbeiteten bereits insgesamt über 67.000 Menschen für den Krupp-Konzern. Für 1912 wurde die Fläche des Werksgeländes in Essen mit fünf Quadratkilometern angegeben. Digitale Sammlung Blazek

Mittwoch, den 26. Januar 1916.

Kaisers nicht am Sonntag, den 30. d. Mts., sondern am Geburtstage selbst, also am Donnerstag, den 27. Januar, statt. Da der Gottesdienst um 9¼ Uhr beginnt, erfolgt der Abmarsch zur Lutherkirche um 9½ Uhr.

Aus den Nachbargebieten.

Kray, 25. Jan. Das zweite Opfer des wegen Totschlags am 14. d. Mts. festgenommenen Bergmanns Gottlieb Romaikat ist am 22. d. Mts. gestorben. Es ist der hier wohnhafte Bergmann Gerhard K.; ein Familienvater von drei Kindern.

Aus Westfalen und Rheinprovinz

Hamm, 25. Jan. Ein Eisenbahnunfall ereignete sich in der vergangenen Nacht auf dem hiesigen Verschiebebahnhof dadurch, daß irrtümlicherweise ein aus der Richtung Hamm kommender Güterzug auf ein von einem Zuge besetztes Gleis geleitet wurde. Der Anprall war derartig heftig, daß von dem einfahrenden Zuge verschiedene Wagen entgleisten und mehrere Wagen ineinandergeschoben wurden, andere wieder ihre Achsen verloren. Es ist ein bedeutender Materialschaden verursacht worden. Menschen sind nicht verunglückt.

Dortmund, 25. Jan. Nach dem bekannten kaiserlichen Erlaß soll eine allgemeine Feier zu Kaisersgeburtstag, wie sie früher üblich, in diesem Jahre nicht veranstaltet werden. Jedoch soll am 27. Januar, wie im Vorjahre, auf dem Hansaplatz ein Appell der Kriegervereine, der Offiziere und Mannschaften der Bezirkskommandos, der Bahnschutzkompagnie, soweit sie abkömmlich sind, der verfügbaren Sanitätsmannschaften und der hier

…sche Strasse mit Holzhäusern).

Zeitungsnotiz von damals: Kray, 25. Januar 1916: Zweites Opfer des Bergmanns Gottlieb Romaikat gestorben. Gelsenkirchener Allgemeine Zeitung, 26. Januar 1916. Digitale Sammlung Blazek

Die Zeche Katharina im Westen des Essener Stadtteils Kray, an der Grenze zu Frillendorf, wurde 1899 als Anschlussanlage der früheren Zeche Hercules (1857 errichtet) gebaut. Sie wurde 1972 stillgelegt. Die Zeche Hubert in Essen-Frillendorf (1896) wurde benannt nach dem Düsseldorfer Bankier und Gewerken (Anteilseigner) Hubert Rommel (1830–1907). Die Zeche Bonifacius befand sich an der Rotthauser Straße in Kray. Ihre Geschichte begann im Jahr 1851.

Schulklasse in Essen-Kray in den 1920er Jahren. Digitale Sammlung Blazek

Ohne Vereinsgründung keine Erfolgsaussichten:

Die Anfangszeit des F.C. Schalke 04

Der F.C. Schalke 04 wurde als echter Arbeiterfußballklub gegründet. Die Gründung des Vereins fand im Jahre 1904 statt, woraus auch in der Namensgebung die 04 abgeleitet wurde. Zunächst lautete der Vereinsname „Westfalia Schalke". Erst später wurde die Gründung auf den 4. Mai 1904 datiert.

Am Anfang des Jahres 1904 trafen sich ein paar jugendliche Arbeiter, Fabriklehrlinge und Jungbergleute, 14 bis 16 Jahre alt, in einem Fall immerhin 17 Jahre, in dem dunklen Industriedorf Schalke zum Fußballspielen. Sie „pöhlten", wie man dort sagt, mit der „Pille" auf Haus Goor. Die Mitglieder jener Straßenmannschaft wohnten zum größten Teil an der Hauergasse (sie hieß bis 1903 Buschweg) im Westen des Gelsenkirchener Arbeiterviertels Schalke oder aber in dessen unmittelbarer Nähe, unweit der Schachtanlage „Consolidation I/VI". Zu jener Fußballclique zählten die Jungbergleute Josef Ferse, Viktor Krogull, Adolf Oetzelmann, Josef Seimetz, Wilhelm van den Berg, Ferdinand Gebauer und Johannes Hornung sowie die Handwerkslehrlinge Wilhelm Gies, Gerhard Klopp, Johann Küpper und Franz Paas.[66] Hinweise auf Herkünfte aus den deutschen Ostprovinzen sind bei dieser Spielergeneration nicht erkennbar.

Schließlich gründeten die jungen Kicker, von den Turnern belächelt, die „Westfalia Schalke" als losen Verein. Explizites Ziel der Aktion war die Aufnahme in den Westdeutschen Spielverband und damit die Beteiligung am Wettbewerbsbetrieb. Wilhelm Heinings Gasthaus an der Gewerkenstraße („Restauration zu den vier Jahreszeiten") wurde als Vereinslokal auserkoren. Der Vereinswirt besorgte ihnen später ein neues Spielfeld, die Rubensche Wiese an der Grenzstraße, laut Adressbuch von 1898 die Wilhelmstraße 36b.[67] Josef Ferse, Wilhelm „Willy" Gies, Johann Kessel, Viktor Kroguhl, Heinrich Kullmann, Adolf Oetzelmann, Josef Seimetz und Willy van den Berg sind als Gründungsmitglieder überliefert. An die Spitze des Vereins wählte man Gerhard Klopp, Schlosser auf der Zeche „Consolidation" („Consol"), am 23. Februar 1890 in Schalke geboren, der – ungeachtet seines jugendlichen Alters – als „Vorsitzender" fungierte. Heinrich Kullmann, Jahrgang 1889, war ebenfalls in Schalke geboren und Schlosser von Beruf.

Mannschaftskapitän war der 14 Jahre alte Schlosserlehrling Wilhelm Gies (1890–1931), Lehrling bei der Herdfabrik F. Küppersbusch & Söhne. Das Fußballspielen lernten die Spieler des neu gegründeten Vereins vom Zuschauen bei den Spielen des bürgerlichen Vereins „Spiel und Sport Schalke 1896". Einmal gegen diesen Lokalrivalen, der 1896 von kaufmännischen Angestellten und Be-

[66] Hans-Joachim Teske: FC Gelsenkirchen-Schalke 04, Zur Sozialgeschichte eines Fußballvereins in einer Industrieregion 1904–1944, Hausarbeit zur Ersten Staatsprüfung für das Lehramt für die Sekundarstufe I, Fach Geschichte an der Universität-Gesamthochschule Essen, Herbst 1977. Franz Paas, * 05.08.1891, wird vom Emeritus der Universität Duisburg-Essen Dr. Siegfried Gehrmann als Spieler der ersten Stunde genannt (Siegfried Gehrmann: Fußball, Vereine, Politik, Reimar Hobbing Verlag, Essen 1988, S. 90).

[67] Karlheinz Weichelt: Schalke – Alte Bilder erzählen, Gelsenkirchen 2010, S. 68.

amten der benachbarten Zechen gegründet worden war, spielen – ein richtiges Derby gegen den „Lackschuh-Verein" mit seinen Gymnasiasten. Der Kapitän der Straßenmannschaft Wilhelm Gies soll sinngemäß gesagt haben, wenn man es wirklich im Sport zu etwas bringen wolle, dann müsse man einen Verein gründen. Alle, die dabei sein wollten, trug er in sein Notizbuch ein. Gies notierte die zehn Kameraden und den Namen ihres neuen Vereins: „Westfalia Schalke", Vereinsfarben rot und gelb.

1904 hatte das Vereinsfähnchen somit zunächst noch eine grelle rote und gelbe Farbe. Als Spielplatz diente ein steiniger und von Rinnen zerfurchter Platz neben dem Haus Goor, einem halbverfallenen adeligen Landsitz am Westrand Schalkes, in dem zuletzt (1901) der Oberschweizer Fr. Lewinka gewohnt hatte.[68]

1904 berichtete keine Zeitung über die Gründung von Westfalia Schalke. Die Neugründung galt zudem den Vertretern des Westdeutschen Spielverbands als fragwürdig; wie es hieß, wurde offiziell die „Lebensfähigkeit" des Vereins bezweifelt.

Erst aus jener Zeit, von einem Spiel gegen Westfalia Bismarck, ist das älteste Bild einer Schalker Mannschaft überliefert. Die immer noch jugendlichen Spieler in knielangen Hosen posierten 1908 lässig-entschlossen vor dem Fotografen. Ihre Namen sind bekannt: (obere Reihe:) Oetzelmann, Gwiasda, Seimetz, Küpper, Wilhelm Gies, Latza, (mittlere Reihe:) Gebauer, Kullmann, Grzella, (unten:) Jansen, Koppmann. Neben ihnen steht, im Sonntagsstaat mit Anzug und Melone, Gerhard Klopp. Foto: Vereinsarchiv des FC Schalke 04/Abdruck mit freundlicher Genehmigung

Im Frühjahr 1905 hatten die Halbwüchsigen von Westfalia Schalke genau 11 Mark auf die hohe Kante gelegt. Man erstand für diese Summe den ersten ungebrauchten Lederball. In der Vereinschronik des F.C. Schalke 04 aus dem Jahr 1954 heißt es über die Aktivitäten 1905: „Torstangen und Eckfähnchen bastelte

---

[68] Siegfried Gehrmann: Fußball, Vereine, Politik – Zur Sportgeschichte des Reviers 1900-1940, Reimar Hobbing Verlag, Essen (jetzt: Bouvier Verlag Bonn), Essen 1988, S. 90.

man selbst oder ließ sie von Freundeshand herstellen. Nach jedem Spiel wurden die kostbaren Geräte im Keller der Ruine Haus Goor sichergestellt.“ Im Jahr 1905 hatte die Westfalia Schalke allerdings bereits so viele Spieler, dass eine zweite Mannschaft gegründet werden konnte.[69]

Da die Westfalia Schalke unter der Leitung der beiden Jugendlichen Klopp und Kullmann von der städtischen Behörde nicht als ordentlicher Verein anerkannt wurde, eine wichtige Voraussetzung für die angestrebte Aufnahme in den Westdeutschen Spielverband, wählte man im Jahre 1909 den Wiegemeister der Schachtanlage „Consolidation“ Heinrich Hilgert zum 1. Vorsitzenden, der das Amt bis zum 17. März 1912 bekleidete, als sich die Spieler dem Schalker Turnverein von 1877 anschlossen, um vom Westdeutschen Spielverband anerkannt zu werden.[70]

* Der Verfasser ist Dr. Christine Walther vom Vereinsarchiv des FC Schalke 04 zu Dank verpflichtet. Sie hat den Text mit ihren Darstellungen abgeglichen und hilfreiche Hinweise gegeben.

***

Modernes Hochofenwerk. Deutsche Eisenwerke A.-G., Werk Schalker Verein, Gelsenkirchen. Will Rinne: Ruhrgeist und Ruhrstahl, Verlag für Sozialpolitik, Wirtschaft und Statistik, Paul Schmidt, Berlin SW 1941, S. 105. Digitale Sammlung Blazek

[69] Peter Konzen: Schalke 04, 50 Jahre 1904–1954, Jubiläumsschrift.

[70] Wilhelm Hopf (Hrsg.): Fußball – Soziologie und Sozialgeschichte einer populären Sportart, Bensheim 1979, S. 117 f.

„Der polnische Nachschub kommt." – Karikatur zur Situation polnischer Gastarbeiter im Ruhrgebiet: „**Mutter Bronislaw:** Müssen zurückwandern nach unserer polnischen Heimat! Vater ist tot und Wohnung für neu angeworbene Landsleute nötig." Farbdruck, nach einer Zeichnung von Hans Gabriel Jentzsch (1862–1930), aus: Der Wahre Jacob, Jahrg. 1912/13. Digitale Sammlung Blazek

Stichwort: Namensänderungen

Preußen wollte die Zuwanderer nicht integrieren, sondern „germanisieren". So wies der preußische Minister des Innern den Regierungspräsidenten in Münster am 27. Juni 1901 (Aktenzeichen: Ib 2141) an, bei der Eindeutschung polnischer Namen großzügig zu verfahren: „Bei den diesjährigen Etatsberathungen im Abgeordnetenhause ist darauf hingewiesen worden, daß in den westlichen Industriegebieten zahlreiche polnische Einwanderer den Wunsch hegten, ihre polnischen Namen in deutsche umzuwandeln, daß die Erfüllung solcher Wünsche indeß häufig an den Formalitäten des Verfahrens und an dem hohen Stempelbetrage scheitern (sic!), welcher bei Genehmigung von Namensänderungen zu entrichten sei. Ich nehme an, daß Namensänderungen der gedachten Art, welche die Verschmelzung des polnischen Elements mit dem deutschen zu fördern geeignet sind, von Seiten der Behörden jede Unterstützung und Erleichterung erfahren werden, welche nach den bestehenden Vorschriften zulässig und angängig ist."[71]

In ihrem Tätigkeitsbericht von April 1936 bis März 1937 vermeldete die Forschungsstelle für das Volkstum im Ruhrgebiet die Fertigstellung der Eberhard-Franke-Arbeit und die fast komplette Bearbeitung der Untersuchung über die „Einbürgerungen und Namensänderungen im Ruhrgebiet".[72]

In der NS-Zeit, aber auch schon in den Jahrzehnten davor, hatten sich zahlreiche Personen mit slawischen Familiennamen umbenennen lassen. Es gibt Schätzungen, die von 240.000 Umbenennungen (z. B. Krawczyk zu Kraft oder völlig neue Namenwahl) allein bis zum Jahre 1939 im Ruhrgebiet ausgehen.[73]

Die wissenschaftliche Mitarbeiterin und Kuratorin am Oberschlesischen Landesmuseum Susanne Peters-Schildgen bewertet die Situation folgendermaßen:[74] „Ein augenscheinliches Integrationsangebot der preußischen Regierung an die polnische Minderheit – in Wirklichkeit eine Aufforderung zur Aufgabe der polnischen Identität – stellte die Namensänderung dar, von der nach Angaben Eberhard Frankes von 1880 bis 1935 ca. 240.000 Personen im Ruhrgebiet Gebrauch machten. Diese Zahl berücksichtigt ebenfalls die Familienangehörigen

---

[71] Festschrift für Karl Bischoff zum 70. Geburtstag, hrsg. v. Günter Bellmann, Günter Eifler, Wolfgang Kleiber, Böhlau, Köln, Wien 1975, S. 281.

[72] Geschäftsführer der von ihm gegründeten Forschungsstelle für das Volkstum im Ruhrgebiet im Provinzial-Institut für westfälische Landes- und Volkskunde in Gelsenkirchen war seit 1935 Wilhelm Brepohl (1893–1975). Karl Heinz Roth: Intelligenz und Sozialpolitik im „Dritten Reich" – Eine methodisch-historische Studie am Beispiel des Arbeitswissenschaftlichen Instituts der Deutschen Arbeitsfront, München 1993, S. 201.

[73] Zit. n. Dieter Tiemann und Johannes Hoffmann (Hrsg.): Die deutsche Frage im 19. und 20. Jahrhundert als west- und osteuropäisches Problem – fachliche und didaktische Aspekte, Harrassowitz, Wiesbaden 1994, S. 36. Vgl. Eberhard Franke: „Einbürgerungen und Namensänderungen im Ruhrgebiet", in: Westfälische Forschungen, 2. Bd., 1939, S. 19–28. Akte „Namensänderungen" Bochum, 1912–13 (Stadtarchiv Bochum). Vgl. Georg Abeler: „Schwierigkeiten der Familienforschung im Rheinisch-Westfälischen Industriegebiet, dargestellt am Beispiel Gelsenkirchen", in: Beiträge zur westfälischen Familienforschung, Bd. 9/1950, Heft 2–3, Münster/Westfalen 1950, S. 47–51.

[74] Susanne Peters-Schildgen: wie Fußnote 26, S. 218.

der Antragsteller, da sich die Namensänderung auch auf die Ehefrau und minderjährigen Kinder erstreckte. Nach Schätzungen Frankes trug jeder Vierte anstelle des slawischen Namens einen deutschen Namen. Insgesamt 4.020 Namensänderungen nahm die Arnsberger Regierung von 1862 bis 1920/21 vor."

Fälle von Namensänderungen sind auch aus verschiedenen Fußballvereinen des Ruhrgebiets bekannt. Beim FC Schalke 04 gab es zahlreiche Namensänderungen von Spielern, die sich zum Beispiel von Zurawski in Zurner, von Regelski in Reckmann, von Czerwinski in Rothardt oder Zembrzyki in Zeidler umbenennen ließen.[75]

Dortmund. Werke der Union. Undatiert (ca. 1913). Digitale Sammlung Blazek

[75] Archiv für Sozialgeschichte, Verlag Neue Gesellschaft, Bonn-Bad Godesberg 2006, S. 200.

Sie steht einzig in der deutschen Geschichte da:

Die Vierfachhinrichtung am 21. Mai 1898 in Duisburg

74 Jahre alter preußischer Scharfrichter ist kurz vor seiner Verabschiedung in den Ruhestand Hauptakteur bei außergewöhnlichem Ereignis

Ein außergewöhnliches Schauspiel trug sich am 21. Mai 1898 in Duisburg zu. Ein Mörder-Trio und seine Anstifterin verloren ihre Köpfe. Dazu war extra der preußische Scharfrichter Friedrich Reindel, ein greiser Mann von 74 Jahren, angereist. Laut seinem Attestbuch hatte er danach die enorme Zahl von 196 Hinrichtungen hinter sich gebracht – in etwa 25 Jahren.

Von Juni bis Dezember 1898 war der preußische Scharfrichter Friedrich Reindel (1824–1908) noch an 13 Orten im Deutschen Reich eingesetzt. Da war er bereits 74 Jahre alt und hatte kürzlich Goldene Hochzeit gefeiert. Zwischen 1874 und 1898 hat Friedrich Reindel insgesamt 196 Menschen enthauptet. Zweimal vollzog er eine doppelte, einmal eine dreifache Hinrichtung und am 21. Mai 1898 in Duisburg gar eine vierfache Hinrichtung. In einem Attestbuch ließ sich Reindel vom Staatsanwalt oder Richter stets bestätigen, dass er ordnungsgemäß gearbeitet habe.[76]

Meiderich gilt als das Zentrum der Industriekultur in Duisburg. Von 1896 bis 1905 war der Ort noch eine eigenständige Stadt. Dort wurden ein Hochofenwerk und Steinkohlenbergwerke errichtet. Im Jahr 1895 schrieb Carl Dirksen über Meiderich: „Der Ort Meiderich liegt im südlichen Teile des vor wenigen Jahren neugebildeten Kreises Ruhrort. Im Norden bildet die Emscher die Grenze, im Süden die Ruhr und der Stadtkreis Duisburg, im Westen reicht er an die Stadt Ruhrort und im Osten an Oberhausen.“

Rhein- und Ruhrzeitung, Mittwoch, 17. Februar 1897:

Schwurgerichts=Verhandlungen. *)

Der Mordprozeß Schula.

Duisburg, 16. Febr.

Die heute nachmittag 4 Uhr begonnene Beweisaufnahme führte dem Gerichtssaal das Vorleben der Angeklagten und namentlich der Angeklagten Schula vor Augen, und förderten die einzelnen Zeugenaussagen Sittenzustände ans Tageslicht, welche jeder Beschreibung spotten, und welche den tiefsten Ekel vor diesen Bestien in Menschengestalt bei jedem Zuhörer hervorriefen. Wir verschonen unsere Leser mit der Wiedergabe dieser Details. Bezüglich der Mordthat selbst wurde durch die Vernehmung der Zeugen Bergleute Kelting und Tewes aus Hamborn ein wichtiges Beweismoment erbracht, da dieselben bekundeten, Ohrenzeugen der That gewesen zu sein. Sie wären an dem fraglichen Morgen etwa gegen ¼4 Uhr über die Emscherbrücke gekommen, um zur Arbeit zu gehen, und hätten plötzlich in der Gegend des Seitenweges einen lauten Schrei gehört. Sie

[76] Vgl. Matthias Blazek: „Herr Staatsanwalt, das Urteil ist vollstreckt.“ Die Brüder Wilhelm und Friedrich Reindel: Scharfrichter im Dienste des Norddeutschen Bundes und Seiner Majestät 1843–1898, ibidem-Verlag, Stuttgart 2011, S. 113–119.

wären jedoch weiter gegangen, und als sie an der Wohnung der Schula vorüber gewesen, hätten sie aus dem Seitenwege her schwere dumpfe Schläge gehört, wobei ein Mensch kläglich gewimmert habe, während sie von einer anderen Stimme „Du Aas" vernommen hätten. Beide Zeugen seien der Ansicht gewesen, daß einer von den Hühnerdieben, welche in jener Zeit in Meiderich vielfach auftauchten, auf frischer That abgefaßt worden sei und nunmehr verhauen werde, sie seien deshalb nicht darauf zu gegangen, sondern umgekehrt und hätten einen andern Weg zur Arbeitsstätte gewählt. Nach ihrer Meinung wären sie vom Thatorte etwa 30–40 Schritte entfernt gewesen, hätten jedoch wegen der Dunkelheit keine Personen gesehen. Weiter bekundet der Zeuge Ingenfurth, daß er zwischen 7 und 8 Uhr an jenem Morgen auf dem Seitenwege entlang zur Weide gekommen sei und die große Blutlache im Wege bemerkt habe, in welcher mehrere Fußspuren zeigten, daß viel darin herumgetreten sei. Auch die niedrige Böschung jenes Weges sei durch verschiedene Fußtritte beinahe völlig abgetreten worden. Auf der nebenliegenden Weide habe er noch weitere zwei Fußspuren bemerkt. – Der als Zeuge geladene Bruder des Angeklagten Graat – Gerhard Graat – welcher mit den drei Mördern am Abende vor der That bis spät in die Nacht auf der Hamborner Seite herumgelungert hatte und noch von den Butterbroten der p. Schula gegessen hatte, verweigerte sein Zeugnis. – Um 8 Uhr abends schließt der Herr Vorsitzende die Sitzung, worauf der größte Teil der heute vernommenen Zeugen entlassen wird. Morgen vormittag erfolgt die Vernehmung der übrigen Zeugen und Sachverständigen.

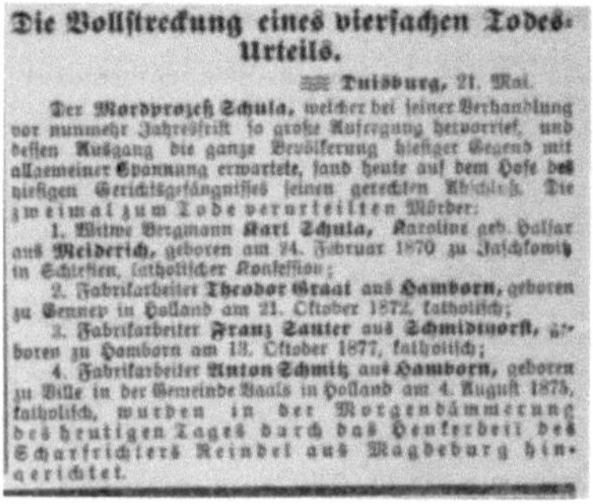

Die Vollstreckung eines vierfachen Todes=Urteils.

Duisburg, 21. Mai.

Der Mordprozeß Schula, welcher bei seiner Verhandlung vor nunmehr Jahresfrist so große Aufregung hervorrief, und dessen Ausgang die ganze Bevölkerung hiesiger Gegend mit allgemeiner Spannung erwartete, fand heute auf dem Hofe des hiesigen Gerichtsgefängnisses seinen gerechten Abschluß. Die zweimal zum Tode verurteilten Mörder:

1. Witwe Bergmann **Karl Schula,** Karoline geb. Hallar aus **Meiderich,** geboren am 24. Februar 1870 zu Jaschkowitz in Schlesien, katholischer Konfession;

2. Fabrikarbeiter **Theodor Graat** aus **Hamborn,** geboren zu Gennep in Holland am 21. Oktober 1872, katholisch;

3. Fabrikarbeiter **Franz Sauter** aus **Schmidthorst,** geboren zu Hamborn am 13. Oktober 1877, katholisch;

4. Fabrikarbeiter **Anton Schmitz** aus **Hamborn,** geboren zu Wille in der Gemeinde Vaals in Holland am 4. August 1875, katholisch, wurden in der Morgendämmerung des heutigen Tages durch das Henkerbeil des Scharfrichters Reindel aus Magdeburg hingerichtet.

„Die Vollstreckung eines vierfachen Todes=Urteils." Die Verhandlung hatte im Februar des Vorjahres stattgefunden. Rhein- und Ruhrzeitung, 21. Mai 1898, Titelseite. Digitale Sammlung Blazek

Ausführlich befasste sich die „Rhein- und Ruhrzeitung" an jenem 21. Mai 1898 auf Seite 2 mit den aufsehenerregenden Ereignissen in Duisburg und auch mit der Vorgeschichte:[77]

Rhein- und Ruhrzeitung, 21. Mai 1898:

Die Vollstreckung eines vierfachen Todes=Urteils.

Duisburg, *21. Mai.*

Der Mordprozeß Schula, welcher bei seiner Verhandlung vor nunmehr Jahresfrist so große Aufregung hervorrief, und dessen Ausgang die ganze Bevölkerung hiesiger Gegend mit allgemeiner Spannung erwartete, fand heute auf dem Hofe

[77] zeitpunkt.nrw (https://zeitpunkt.nrw/ulbbn/periodical/zoom/5604798), aufgerufen am 10. Dezember 2020.

des hiesigen Gerichtsgefängnisses seinen gerechten Abschluß. Die zweimal zum Tode verurteilten Mörder:

1. Witwe Bergmann Karl Schula, Karoline geb. Halfar aus Meiderich, geboren am 24. Februar 1870 zu Jaschkowitz in Schlesien, katholischer Konfession;

2. Fabrikarbeiter Theodor Graat aus Hamborn, geboren zu Gennep in Holland am 21. Oktober 1872, katholisch;

3. Fabrikarbeiter Franz Sauter aus Schmidthorst, geboren zu Hamborn am 13. Oktober 1877, katholisch;

4. Fabrikarbeiter Anton Schmitz aus Hamborn, geboren zu Ville in der Gemeinde Vaals in Holland am 4. August 1875, katholisch, wurden in der Morgendämmerung des heutigen Tages durch das Henkerbeil des Scharfrichters Reindel aus Magdeburg hingerichtet.

In der Kriminal-Statistik des Deutschen Reiches steht dieser Fall einer vierfachen Hinrichtung einzig da. Wohl selten ist auch ein Mord bezw. Gattenmord mit solch teuflischer Roheit verübt worden, als derjenige an dem Bergmann Karl Schula aus Meiderich, und nur durch die heute vollzogene Hinrichtung der Mörder konnte dem so schwer verletzten Gerechtigkeitsgefühle der Menschheit eine hinreichende Sühne geleistet werden.

Ein Überblick über den Mordprozeß gewährt uns in kurzen Worten das nachfolgende Bild:

Am 26. August 1896 wurde in frühester Morgenstunde der als ein fleißiger und sparsamer Mann bekannte Karl Schula auf dem Wege zu seiner Arbeitsstelle in Meiderich in der Nähe des Emscherflusses von dem Theodor Graat, Franz Sauter und Anton Schmitz meuchlings überfallen, mit dicken Holzplatten bewußtlos geschlagen und dann noch lebend, mit Steinen beschwert, in die Emscher geworfen. Die Mörder hatten bei dieser brutalen That sich gegenseitig die Rollen zugewiesen und ausgeführt; die Hauptrolle jedoch bei diesem Morde hatte das ehebrecherische Weib des Ermordeten gespielt. Diese moralisch tief verkommene Person hatte ihren Ehemann, der ihrem unzüchtigen Treiben im Wege stand, hinweg zu räumen sich entschlossen, und zur Vollführung dieses ruchlosen Planes einen ihrer Zuhälter, den Theodor Graat, durch Überredung und Verführung und durch die Aussicht auf eine spätere, pekuniär nicht ungünstige Verehelichung zu gewinnen gewußt. Graat hatte nach reiflicher Überlegung den Entschluß geteilt, worauf noch Sauter und Schmitz zur Ausführung des Mordes für einen Mordlohn von je 25 M. und freie Fahrt ins Ausland hinzugedungen worden waren. Verabredetermaßen hatte durch Vorstellen der Weckuhr die p. Schula ihren nichtsahnenden Ehemann den lauernden Mördern so frühzeitig in die Hände geliefert, daß der Mord ungestört vollführt werden konnte. – Die Verhaftung der p. Schula und des Graat erfolgte auf der Flucht ins Ausland in Antwerpen, Sauter und Schmitz wurden nach ihrer Rückkehr von Belgien in Meiderich festgenommen. Am 17. Februar 1897 verurteilte sie das Schwurgericht hierselbst nach zweitägiger Verhandlung wegen gemeinschaftlich begangenen Mordes zum Tode. Auf die von der p. Schula, dem Sauter und Schmitz hiergegen eingelegte Revision ordnete das Reichsgericht durch Urteil vom 26. April 1897 eine nochmalige Verhandlung an, weil durch Ablehnung einer der vielen von der Verteidigung gestellten Unterfragen – es war dieses die Frage nach Begünstigung – ein Formfehler begangen war. Die zweite am 18. und 19. Juni 1897 geführte Verhandlung endete wiederum mit dem vierfachen Todesurteil, indem das Schwurgericht den Graat, Sauter und Schmitz des Mordes, die Witwe Schula der Anstiftung zum Morde schuldig sprach. Die hiergegen von neuem eingelegte Revision verwarf das Reichsgericht am 23. August 1897, so daß man bereits im Spätsommer v. J. einer Vollstreckung des Urteils entgegensah. Doch verschiedene Anträge auf Wiederaufnahme des Verfahrens zu gunsten der Verurteilten verzögerten dieselbe bis zum heutigen Tage. Die verschiedensten Gerüchte über eine Hinrichtung zirkulierten schon seit Monaten in hiesiger Gegend, doch beruhten dieselben nur auf Vermutungen. Die heutige Hinrichtung war von den Gerichtsbehörden auf das peinlichste geheim gehalten worden und nur das Eintreffen des Herrn Reindel und seiner 4 Gehilfen auf dem hiesigen Bahnhofe am gestrigen Vormittage verbreitete wie ein Lauffeuer die Nachricht von der bevorstehenden Hinrichtung, von deren Vollstreckung den Todeskandidaten abends um 7 Uhr durch die Herren Ersten Staatsanwalt Dr. Gordan und Staatsanwalt Schulz Mitteilung gemacht wurde. Dieselben nahmen diese ruhig entgegen.

Eine große Menschenmenge hatte sich heute früh 5 Uhr vor dem Justizgebäude und dem Gefängnisse angesammelt, um Zeuge des grausigen Schauspiels zu sein. Die Hinrichtung fand auf dem zweiten Gefängnishofe statt. Es waren etwa 30 bis 40 Herren aus der Bürgerschaft als Zeugen der Hinrichtung eingeladen und auch erschienen. Um 5 1/2 [zusammen, auch mehrere Sperrzeichen im Beitrag!] Uhr erschien der Herr Erste Staatsanwalt Dr. Gordan auf dem Gefängnishofe in Amtsrobe und nahm seinen Platz ein hinter dem mit einem grünen Tuche bedeckten Tisch, auf welchem ein Kruzifix mit zwei brennenden Wachskerzen standen. Zu seiner Rechten nahm Herr Landgerichtsrat Riehl, zu seiner Linken Herr Landrichter Frister Aufstellung, als Gerichtsschreiber fungierte Herr Referendar Dr. Schaefer. Vorher schon hatte sich Herr Scharfrichter Reindel mit seinen 4 Gehilfen vor dem mit einem Längsbrette versehenen Holzblocke aufgestellt.

Auf Befehl des Herrn Ersten Staatsanwalts wurde der Verurteilte Anton Schmitz als erster von dem Herrn Gefängnisinspektor Stahl vorgeführt. Ruhig und gottergeben erschien der Todeskandidat, begleitet von dem Gef.-Geistlichen Herrn Kaplan Druffel, auf dem Gefängnishofe und nahm mit gefalteten Händen vor dem Kruzifixe Stellung. Der Herr Gerichtsschreiber verlas mit deutlich vernehmbarer Stimme das Todesurteil vom 19. Juni 1897, worauf Herr Erster Staatsanwalt Dr. Gordan den allerhöchsten Erlaß Sr. Majestät des Kaisers und Königs, durch welchen kund gegeben wurde, daß Se. Majestät von dem Rechte der Gnade keinen Gebrauch machen, sondern der Gerechtigkeit freien Lauf lassen wollen, dem Herrn Scharfrichter vorlas und vorzeigte und den Delinquenten fragte, ob er seine That bereue. Als ein demütiges Kopfnicken dieses bejahte, richtete der Erste Staatsanwalt an ihn die Frage, ob er noch etwas anzuführen habe. Schmitz antwortete mit einem leisen „Nein", worauf der Herr Erste

Staatsanwalt den Herrn Scharfrichter Reindel aufforderte, das Urteil zu vollstrecken. Noch einmal kniete Schmitz vor dem Kruzifixe nieder, faltete seine Hände und wurde von dem Herrn Kaplan eingesegnet. Alsdann führten ihn die Gehilfen des Scharfrichters zur Richtbank; ruhig legte Schmitz seinen Kopf auf den Block, während der greise Scharfrichter sich behend seines Fracks entledigte, mit dem vorher verdeckt gehaltenen schweren Beile einen gewaltigen Schlag über den Nacken des Todeskandidaten vollführte, so daß der Kopf in den Sand fiel, und mit weithin schallender Stimme meldete: Herr Erste Staatsanwalt, das Urteil ist vollstreckt.

Nachdem der Richtplatz wieder in Ordnung gebracht und die Leiche in dem im ersten Gerichtshofe stehenden Sarg gelegt worden, wurde der zweite Delinquent Franz Sauter vorgeführt. Ruhig, aber niedergeschlagen schritt er einher mit gefalteten Händen, begleitet von den Kaplänen Druffel und Ulrich. Auch er bejahte vor dem Kruzifixe nach Verlesung des Urteils und des allerhöchsten Erlasses die Frage, ob er seine That bereue. Auf die Frage des Herrn Ersten Staatsanwalts, ob er noch etwas anzuführen habe, erklärte er: „Ich habe den Mord nicht begangen." Herr Erster Staatsanwalt Dr. Gordan entgegnete: „Sie haben doch den ersten Schlag gethan, durch den Karl Schula betäubt zu Boden stürzte." Sauter erwiderte: „Ja, ich habe den ersten Schlag gethan, so daß Schula niederstürzte, ob er betäubt war, weiß ich nicht." Als dem Scharfrichter der Befehl zur Vollstreckung gegeben wurde, sank Sauter noch einmal vor dem Kruzifixe in die Kniee, legte seine Hände in Kreuzesform über seine Brust und verrichtete kurzes Gebet, während der Geistliche ihn einsegnete. Ruhig schritt er sodann zur Richtbank; ein gewaltiger Schlag und die vorerwähnte Meldung des Scharfrichters verkündete den Umstehenden, daß auch sein Leben geendet.

Als dritter wurde Theodor Graat auf die Richtstätte geführt. Ruhig und gefaßt ging auch er mit gefalteten Händen in Begleitung des Kaplans Druffel vor das Kruzifix. Betend hörte er das vorgelesene Urteil und die Mitteilung des allerhöchsten Erlasses an, bejahte die Frage, ob er seine That bereue, und antwortete auf die an ihn ferner noch gerichtete Frage, ob er noch etwas zu sagen habe, mit gen Himmel erhobenem Blick: „In Gottes Namen, ich geb' mein Leben hin." Vor dem Kreuze knieend empfing er die Einsegnung des Geistlichen, worauf er ruhig zum Richtblock schritt und seinen Kopf auf denselben legte. Ein schwerer Schlag des Scharfrichters und dessen Meldung gaben kund, daß das Todesurteil seine Vollstreckung gefunden. Seine Leiche wurde, wie auch die des Sauter sofort in den bereitstehenden Sarg gelegt und weggetragen.

Alsdann wurde die Witwe Schula zum Richtplatze geführt. Laut weinend betrat sie denselben, begleitet von den Herren Kaplänen Ulrich und Druffel. Während der Verlesung des Urteils verhielt sie sich ruhig, bejahte die Frage des Herrn Staatsanwalts, ob sie ihre That bereue, laut weinend mit einem „Ja! o ja!" Befragt, ob sie noch etwas anzuführen habe, bat sie, ihre Sachen und diejenigen ihres Mannes ihrer Schwester zum Andenken zu überlassen. Der Herr Erste Staatsanwalt Dr. Gordan erwiderte „das soll geschehen", und befahl, zum Scharfrichter gewendet, das Urteil zu vollstrecken. Noch einmal sank Frau Schula vor dem Kreuze nieder, erhob ihre Arme und ihren Blick gen Himmel und rief während der Einsegnung laut schluchzend: „Jesus, Maria, Joseph, steht mir bei, helft mir doch, steht mir bei“. Weinend, jedoch sonst ruhig, ließ sie sich zur Richtbank führen, woselbst ein gewaltiger Schlag mit dem Beile um 6 Uhr 4 Minuten ihrem bewegten Leben ein Ende machte. Nachdem Herr Scharfrichter Reindel dies gemeldet, richtete Herr Erster Staatsanwalt Dr. Gordan an die umstehenden Herren, welche dem traurigen Schauspiele angewohnt hatten, etwa folgende Worte: „Meine Herren! Schauerlich ist der Anblick der Hinrichtung, welcher zugegen zu sein ich Sie eingeladen hatte. Ein vierfaches Todesurteil ist vollstreckt, es konnte nicht anders, es mußte so geschehen, die grausige Frevelthat ist jetzt gesühnt.

Ein Gebet des Herrn Geistlichen und ein Vaterunser schloß den grausigen Hinrichtungsakt.

Sofort nach der Hinrichtung wurden an die Anschlagssäulen der Stadt Plakate folgenden Inhalts geheftet:

Bekanntmachung.

Durch die rechtskräftigen Erkenntnisse des hiesigen Schwurgerichts vom 17. Februar und 19. Juni 1897 sind die Fabrikarbeiter Theodor Graat, Franz Sauter und Anton Schmitz wegen Ermordung des Bergmanns Karl Schula, begangen am 26. August 1896 zu Meiderich, und dessen Witwe Karoline Schula, geb. Halfar, wegen Anstiftung zu diesem Morde zum Tode verurteilt worden. Die Strafe ist heute früh auf dem Hofe des hiesigen Gerichts-Gefängnisses durch Enthauptung vollzogen worden.

Duisburg, 21. Mai 1898.

Der königl. Erste Staatsanwalt.

Dr. Gordan.

Der einzige Lichtblick in dem furchtbaren Drama ist, daß die vier Mörder mit reuigem Herzen aus der Welt geschieden sind. Die Schwester des Schmitz stattete ihrem Bruder gestern im Gefängnisse einen letzten Besuch ab. Drei kathol. Geistliche brachten die vergangene Nacht mit den Verurteilten zu, welche sich auch ihrem Zuspruche zugänglich zeigten. Frau Schula weinte von Zeit zu Zeit laut, während Graat, Sauter und Schmitz sich in ihr Schicksal ergeben zu haben schienen. Die Leichen wurden heute früh unter polizeilicher Bedeckung zum Kirchhofe gebracht.

Dr. Franz Gordan war im Zeitraum 1888–1903 Erster Staatsanwalt in Duisburg, Gefängnisgeistlicher Bernhard Druffel (1868–1932) war seit dem 7. November 1892 Kaplan an St. Marien.

Lithographie vom Restaurant Dannenhöfer, Duisburg, 1899. Digitale Sammlung Blazek

Mülheimer Zeitung, Montag, 23. Mai 1898:

Rheinland und Westfalen.

Duisburg, 21. Mai. *Heute Morgen wurden, wie schon kurz mitgeteilt, im Hofe des Gerichtsgefängnisses zu Duisburg die Mörder des Bergmannes Schula aus Meiderich hingerichtet, nachdem der Kaiser von seinem Begnadigungsrechte keinen Gebrauch gemacht hatte und den Verurteilten gestern Nachmittag das Urteil verkündet worden war. Welch' große Aufregung die Ermordung Schula's in allen Bevölkerungskreisen hervorrief, geht am besten daraus hervor, daß noch heute Äußerungen der Entrüstung und des Abscheus zu konstatieren sind. Dieser Aufregung entsprechend war auch die Ansammlung des Publikums vor dem Landgerichtsgebäude und vor dem Gasthof (Restaurant Dannenhöfer), wo Scharfrichter Reindel aus Magdeburg Wohnung genommen hatte; schon gestern hatten Hunderte von Menschen sich eingefunden. Vor dem Gasthof selbst staute sich die Menschenmenge derart, daß der Straßenverkehr stark behindert wurde. Am heutigen Morgen begann der Zuzug Neugieriger nach dem Gefängnis schon um drei Uhr; das nichts weniger denn einladende Gebäude war bald von gedrängt stehenden Menschenmassen umlagert. Die Hinrichtung fand in der üblichen Weise unter Ausschluß der Öffentlichkeit statt; es waren nur an eine bestimmte Anzahl von Personen Karten abgegeben worden, welche zur Besichtigung der Rechtsvollstreckung berechtigten. Die zum Tode Verurteilten wurden auf den Hinrichtungsplatz geführt; da sie sämtlich der katholischen Religion angehörten, standen ihnen katholische Priester auf dem letzten Gange bei. Nachdem das Urteil vorgelesen, die Unterschrift den Verurteilten vorgezeigt und die Letzteren dem Nachrichter übergeben waren, waltete Scharfrichter Reindel seines blutigen Amtes, wobei ihn sein Sohn, sein Schwiegersohn und ein Gehilfe unterstützten. Zuerst legte Schmitz, dann Sauter und als Dritter Graat das Haupt auf den Block. Die Anstifterin des Mordes, Witwe Schula, büßte als Letzte ihre Schuld. Die erstgenannten Drei schienen äußerlich gefaßt, bei Witwe*

Schula dagegen schien es, als ob das Selbstbewußtsein und die Todesfurcht überhand genommen. Der Justifizierungsakt vollzog sich mit denkbarster Schnelle; ein dumpfer Schlag und das Haupt des von der irdischen Gerechtigkeit Erreichten war gefallen. Bald nach der Hinrichtung fuhr ein Wagen vom Gefängnis nach dem Friedhöfe, er barg die Leichen sämtlicher Hingerichteten. In den Straßen kündeten rote Plakate die Vollziehung des Urteiles an (auch außerhalb Duisburgs, z. B. an der Wage, waren solche angeschlagen). Sie hatten nachstehenden Wortlaut:

Durch die rechtskräftige Erkenntnis des hiesigen Schwurgerichts vom 17. Februar und 19. Juni 1897 sind die Fabrikarbeiter Theodor Graat, Franz Sauter und A. Schmitz wegen Ermordung des Bergmanns Carl Schula, begangen am 26. August 1896 zu Meiderich, und dessen Witwe Schula geborene Halfar, wegen Anstiftung zu diesem Morde zum Tode verurteilt worden. Die Strafe ist heute früh auf dem Hofe des hiesigen Gerichtsgefängnisses durch Enthauptung vollzogen worden.

Die Königl. Erste Staatsanwaltschaft. v. Gordan.

Scharfrichter Friedrich Reindel bei der Arbeit (hier bei der Hinrichtung des Doppelmörders Friedrich Klausin am 2. April 1891 in Plötzensee). Titelseite des „Petit Parisien" vom 19. April 1891. Digitale Sammlung Blazek

So ist eine That gesühnt worden, die zu den abscheulichsten gehört, welche menschliche Verirrung erzeugen kann. Sie hat aber auch in erschreckender Weise die Nachtseiten unseres Volkslebens enthüllt, welche inmitten der blühenden Industriekreise unter dem rastlos dahinflutenden Strom fruchtbringender Thätigkeit schwärzer denn sonst hervortreten. Möge die fortschreitende Bildung und Gesittung Licht dahin bringen, wo unter dem Druck sozialer Verhältnisse, unter der Einwirkung des Mangels an Erkenntnis von Recht und Gerechtigkeit so mancher der menschlichen Gesellschaft verloren geht. Verbrechen gleich dem Schula'schen gehören aber immer noch zu den seltenen Ausnahmen; mögen auch diese Ausnahmen schwinden! Um etwaigen irrtümlichen Ansichten entgegenzutreten, sei ausdrücklich erwähnt, daß nicht etwa der Arbeiterschaft in ihrer großen Mehrzahl das Vorhandensein von Motiven zuzuschreiben ist, welche zu Verbrechen führen, unsere Arbeiter sind fast durchweg rechtschaffen und ehrlich, um das Unrecht zu meiden. Daß sich in ihre Reihen Charaktere eindrängen, die zu Allem fähig sind, ist unabwendbar. Man darf dies beklagen, nicht aber der Bevölkerung als Gesamtheit und nicht einem achtenswerten Stand zur Last legen – es ist lediglich eine traurige Begleiterscheinung, die überall zutage tritt, wo um den Herd hochentwickelter Erwerbsthätigkeit die Massen sich stauen. – Der Scharfrichter Reindel, der, wie oben gemeldet, die Vollstreckung des Urteils an den im Schulaprozesse Verurteilten vornahm, hat damit seine 198. selbständige Hinrichtung ausgeführt. Herr Reindel ist jetzt 74 Jahre alt, wird also, obgleich der Mann noch mit erstaunlicher Rüstigkeit und Kaltblütigkeit seines traurigen Amtes waltet, wahrscheinlich doch bald das Henkeramt aufgeben. Sein Amt erhält dann sein ca. 50jähr. Sohn, der bereits als Hilfsscharfrichter vereidigt ist. Wir erwähnen das, weil aus den Kreisen der hiesigen Bevölkerung sich eine nicht unbeträchtliche Anzahl Leute um die Nachfolgerschaft im Amte des Reindel beworben haben.

Echo des Siebengebirges, Mittwoch, 25. Mai 1898:

Rheinland und Westfalen.

Duisburg, 21. Mai. *Eine vierfache Hinrichtung hat heute durch den Scharfrichter Reindel hier stattgefunden. Die Verurtheilten waren die Fabrikarbeiter Theodor Graat, Franz Sauter und Anton Schmitz und die Bergmannswittwe Caroline Schula aus Meiderich. Diese war 28 Jahre alt, die männlichen Verurtheilten standen im Alter von 20, 22 und 25 Jahren. Die drei jungen Leute hatten auf Anstiften der Schula deren Mann ermordet. Alle vier wurden deshalb vom Schwurgericht zum Tode verurtheilt. Die Hinrichtung erfolgte mit dem Beil.*

Ähnlich komprimiert berichteten die „Westfälische Zeitung" und das „Bielefelder Tageblatt" am 23. Mai 1898.

Thorner Presse, Donnerstag, 26. Mai 1898:

(Vierfache Hinrichtung.) Aus Duisburg, 21. Mai, wird gemeldet: Die wegen Ermordung des Bergmanns Schula zum Tode verurtheilten Fabrikarbeiter Theodor Graat, Franz Santer und Anton Schmitz, sowie die wegen Anstiftung zum Morde zum Tode verurtheilte Wittwe Karoline Schula wurden heute früh durch den Scharfrichter Reindel enthauptet. (Es war dies die erste vierfache Hinrichtung, die Reindel vollzog.)

(Zu der vierfachen Hinrichtung), die in Duisburg durch den Scharfrichter Reindel an drei Männern und einer Frau vollzogen worden ist, wird in Ergänzung der kurzen Meldung dem „Lokal-Anzeiger" noch folgendes mitgetheilt: Die Fabrikarbeiter Theodor Graat und Anton Schmitz aus Hamborn und Franz Sau-

ter aus Schmidthorst ermordeten am 23. August 1896 auf Anstiften der Frau Karoline Schula deren Ehemann, den Bergmann Karl Schula aus Meiderich. Nachdem sie dann noch in der Wohnung der Schula ihre Habseligkeiten eingepackt, fuhren alle von Meiderich nach Aachen. Von dort überschritten sie die Grenze, um nach Amerika auszuwandern. In Belgien wurden sie jedoch bald ausfindig gemacht und dem Duisburger Gericht zugeführt, welches die drei Arbeiter wegen Mordes und die Wittwe Schula wegen Verleitung zum Morde zum Tode verurtheilt.

Hiergegen hatten drei der Verurtheilten Revision eingelegt, und das Reichsgericht hob das Urtheil gegen die drei Angeklagten auf und verwies die Sache zur nochmaligen Verhandlung an die Vorinstanz zurück. In der folgenden Schwurgerichtsverhandlung trat Graat als Hauptbelastungszeuge auf, indem er ein umfassendes Geständniß ablegte. Die Verhandlung schloß mit der Bestätigung des ersten Urtheils. Am Abend vor der Vollstreckung wurden die Verurtheilten davon in Kenntniß gesetzt, daß der Kaiser beschlossen habe, der Gerechtigkeit freien Lauf zu lassen.

Ueber Nacht wurde das Gerücht von der bevorstehenden Hinrichtung in der Stadt laut; infolge dessen hatte sich am nächsten Morgen vor dem Landgerichtsgefängniß in den anliegenden Straßen, auf den Dächern der umliegenden Häuser eine unabsehbare Volksmenge angesammelt. Im Hofraum nach der Nordseite war das Schaffot errichtet, dahinter längs der Gefängnißwand stand ein Tisch mit Kruzifix und brennenden Kerzen. Die drei Männer zeigten sich bis unmittelbar vor der Hinrichtung ziemlich gefaßt. Ein Bild des Jammers indeß bot die Frau Schula. Zitternd und schwankend trat sie vor das Gericht; in ihrem jugendlichen hübschen Gesicht spiegelte sich Furcht und Grauen vor dem Tode. Unter Stöhnen trug sie dem Richter die letzten Grüße an ihre Verwandten auf. Als die Gehilfen des Scharfrichters sie in Empfang nehmen wollten, stürzte sie noch einmal vor dem Kruzifix nieder und verrichtete mit lauter Stimme ein kurzes Gebet. Während die Männer gleichsam willenlos sich ihrem Geschick ergaben und stumm sich zum Block hatten führen lassen, war bei der Frau ein sichtliches Widerstreben vor dem Tode bemerkbar. Auch dieses letzte Haupt fiel, und in demselben Augenblick erscholl zum vierten Male der schaurige Ruf des Scharfrichters: „Das Urtheil ist vollstreckt!“

Das Adressbuch der Stadt Duisburg-Hamborn für das Jahr 1931 nennt noch „Graat, Theodor, Kesselschmied, Wanheimer Straße 131“, gewiss ein Sohn eines der 1898 Hingerichteten.

[Umschlagt.:] Mordprozess gegen Witwe Karl Schula und Genossen. SA. a. d. „Neuen Meidericher Ztg“, zugl. „Beecker u. Hamburger Ztg“. (Meiderich: Dr. v. A. Marquard [1897].) (22 S.) 1 Bd 8.

Wertvoll:

Die Totenliste im KZ umgebrachter polnischer Aktivisten in den Jahren 1939–1945

„Lista apelu poległych, 20.I.1946 w Domu Czeladzi w Herne“

(inhaltlich vertieft)

Am 20. Januar 1946 fand in Herne ein Delegiertenkongress aller polnischen Minderheitsorganisationen statt. Es war der erste Kongress des Związek Polaków w Niemczech (ZPwN, Bund der Polen in Deutschland) der Nachkriegszeit. Zusammengelegt wurden das polnische Komitee von Westfalen und Rheinland (tätig seit 15. November 1945) und das Patronat von Rodła. Im Tagungsverlauf wurde Jakub Przybylski (1876–1949) aus Essen, Aktivist und Anführer der Auslandspolen in Westfalen und im Rheinland, zudem langjähriger Vorsitzender des Verbandes der Gesangvereine, der in der Zwischenzeit gemeinsam mit den Aktivisten Dr. Jan Kaczmarek (1895–1977), Generalsekretär des Verbandes der nationalen Minderheiten in Berlin, und dem im Konzentrationslager Buchenwald bei Weimar inhaftierten Stefan Szczepaniak (1892–1964) die Weichen für den Neuanfang gestellt hatte, zum Präsidenten des dritten Bezirks gewählt. An jenem Tage wurden alle vormals im Deutschen Reich bestehenden polnischen Organisationen kultureller, kirchlicher, sportlicher und wirtschaftlicher Art in den reaktivierten Bund der Polen aufgenommen bzw. in diesen überführt.

Zwei vergilbte Briefe wurden damals vorgelegt, die die im KZ umgebrachten polnischen Aktivisten aus Nordrhein-Westfalen in den Jahren 1939 bis 1945 mit Hinweis auf Wohnort und Todesursache auflisteten. Die Angaben wurden zunächst im vollständigen Jubiläumsband zum 50-jährigen Bestehen des ZPwN mit dem Titel „Polak w Niemczech“ (Der Pole in Deutschland, Bochum 1972, Beitrag „Lata 1939–1945 w dziejach ZPwN“, S. 45–47) übernommen. Noch im gleichen Jahr gelangte die Liste in den Anhang der reich illustrierten und mit einem mehrsprachigen Textteil versehenen Publikation von Helena Lehr und Edmund Jan Osmańczyk „Polacy pod znaku Rodła“ (Die Polen vom Rodło-Zeichen), für die Helena Lehr das Rodła-Archiv ausgewertet hatte (Warszawa 1972, S. 317 f.).

Die besagte Totenliste im KZ umgebrachter polnischer Aktivisten datiert vom 20. Januar 1946 und wurde aus Anlass der ZPwN-Vollversammlung im Czeladź-Haus (Gesellenhaus) in Herne vorgelegt. In dem Gebäude hatten sich die Räumlichkeiten des am 20. Februar 1901 gegründeten örtlichen polnischen Turnvereins „Sokół“ [Falke] befunden.

Das Buch „Polacy pod znaku Rodła“ nennt in seiner Anlage 60 Opfer der nationalsozialistischen Herrschaft aus den Reihen der „Ruhrpolen“, diese Liste bildet die Grundlage für diese weitergehende Recherche.

Die zunehmende Verletzung der Rechte der in Deutschland lebenden Polen, die angebliche Verringerung ihrer Zahl laut Volkszählung vom 16. April 1933 und schließlich die Vernichtung ihres materiellen Eigentums, die in besonderem Maße nach der Machtübernahme Adolf Hitlers (1889–1945) in Erscheinung trat, hatte die Zentrale des ZPwN veranlasst, diese Ausschreitungen in einer Kartei zu dokumentieren. Auf diese Weise wollte die Organisation das Polnische in Deutschland in Wort und Bild vor der Vernichtung retten. Um dieses Ziel zu erreichen, wurde in den ersten Monaten des Jahres 1933 eine Sonderabteilung gegründet. Die Mitglieder des neuen Organisationskomitees hießen: Jan Łangowski, Stefan Murek und Helena Lehr (Redakteurin) sowie Eleonora Bednarkiewicz (Sekretärin der ZPwN-Geschäftsführung). Das Team wurde im Herbst 1933 erweitert um Edmund Kaczmarek alias Emil Kuroński und Edmund Osmańczyk.

Helena Lehr (1913–1998), in den 1930er Jahren Redakteurin der Jugendzeitung des Bundes der Polen („Der junge Pole“) in Berlin, wurde bald nach Ausbruch des Krieges verhaftet und verbrachte drei Monate im Konzentrationslager Ravensbrück. Danach kehrte sie zurück und nahm ihre Tätigkeit wieder auf. In den Nachkriegsjahren sammelte sie Unterlagen für das Rodło-Archiv und stellte sie zusammen, die 1972 durch den früheren Sejm-Abgeordneten Edmund Jan Osmańczyk (1913–1989), Leiter der Pressestelle des Bundes der Polen in Deutschland, 1945–1946 Auslandskorrespondent der polnischen Presse in Deutschland und Berichterstatter von der Potsdamer Konferenz, verbunden mit Erinnerungen an die Jahre seit 1945, in dem Buch „Polacy pod znaku Rodła“ herausgegeben wurden.

Martin Broszat und andere schreiben 1965: „Hinzu kamen einige andere Gruppen, so zum Beispiel rund 1000 bis 2000 deutsche Staatsangehörige polnischen Volkstums, die als verdächtige Funktionäre der polnischen Minderheit galten, daneben auch polnische Staatsangehörige, die zum Teil schon seit Jahren im Reich ansässig waren (sogenannte Altpolen). Des weiteren wies ein Erlaß des Gestapa vom 9. September 1939 die Stapo(leit)stellen an, in Zukunft gegen alle diejenigen polnischen Staatsangehörigen im Reichsgebiet, ‚die sich in irgendeiner Form ungebührlich verhalten, aus sicherheitspolizeilichen Gründen rücksichtslos einzuschreiten u. [sie] in Schutzhaft zu nehmen‘.“[78]

Über die Aktionen gegen die ruhrpolnischen Funktionäre schreibt der 1938 in Bielefeld geborene Wissenschaftliche Rat und Professor an der Fakultät für Geschichtswissenschaft der Universität Bielefeld Christoph Kleßmann (Polnische Bergarbeiter im Ruhrgebiet 1870–1945, 1978, S. 184): „Gemäß einem Erlaß Himmlers ‚betr. Festnahme von Führern der polnischen Minderheit‘ wurden am 11. September [1939] sämtliche führenden Funktionäre und Vereinsvorsitzenden verhaftet und bald darauf in Konzentrationslager eingeliefert, insgesamt 249 aus dem Ruhrgebiet. Ein zufällig erhalten gebliebener Aktenbund der Gestapo in Düsseldorf über die im dortigen Regierungsbezirk verhafteten Polen gibt einen Einblick in den Kreis derer, die zu den ‚führenden Köpfen‘ gerechnet wurden

[78] Hans Buchheim, Martin Broszat, Hans-Adolf Jacobsen und Helmut Krausnick: Anatomie des SS-Staates, hrsg. vom Institut für Zeitgeschichte, Walter-Verlag, Olten-Freiburg 1965, S. 110.

und zeigt zugleich exemplarisch, wie relativ homogen die soziale Struktur der ruhrpolnischen Minderheit nach wie vor war und wie die Verteilung von erster und zweiter Generation unter den organisatorisch aktivsten Ruhrpolen etwa ausgesehen hat."

Die jeweils erste Zeile mit Ort, Namen und Todesursache entspricht der Darstellung im Buch „Polacy pod znaku Rodła".

Ahlen (Westf.) 1. Sikora Jan zginął w ob[ozie] konc[entracyjnym]

Jan Sikora, Jahrgang 1888, verhaftet im März 1944, ermordet in Sachsenhausen am 15. Februar 1945 (Stolperstein vor Haus Sattelstr. 51)

Bochum 2. Świtajska Wanda zginęła w ob[ozie] konc[entracyjnym]

Wanda Świtajska, im Konzentrationslager umgekommen, ist in Bochum kein Stolperstein gewidmet.

Bochum-Dahlhausen 3. Filipowiak Józef ścięty toporem

Józef Filipowiak ist in Bochum kein Stolperstein gewidmet. Er wurde geköpft.

Bochum-Werne 4. Jędrzejewski Michał zginął w ob. konc.

Michał Jędrzejewski (Michael Jendrzejewski), am 7. August 1870 in Strzelno (Strelno, preußische Provinz Posen) geboren, arbeitete auf der Großschachtanlage Robert Müser im Bochumer Stadtteil Werne als Maschinist, war im polnischen Widerstand aktiv, wurde verhaftet und als Antifaschist ins KZ Sachsenhausen deportiert, ermordet am 9. März 1940 (für tot erklärt; Stolperstein vor Haus Von-Waldthausen-Straße 4)

Über die genannten Bochumer Mordopfer hinaus gibt es laut Angaben des dortigen Stadtarchivs eine Reihe von Opfern mit Geburtsorten in Polen oder Galizien. Diese seien jedoch jüdische Bürger, an deren Namen man die Herkunft nicht erkennen könne. Viele von ihnen seien 1938 nach Zbąszynek (Neu-Bentschen) an der deutsch-polnischen Grenze ausgewiesen worden.

Bottrop 5. Kowol Karol-Henryk strac[onych] w więz[ieniu]

Karol-Henryk Kowol ist in Bottrop kein Stolperstein gewidmet. Er war im Gefängnis verschwunden.

6. Krawczyk Franciszek zginął w więz.

Franciszek Krawczyk (Franz Krawczyk), Sohn eines Bergarbeiters aus Westfalen, geboren am 4. September 1919 in Bottrop, wollte Lehrer werden, floh nach Holland, wurde im November 1939 wegen „Landesverrats" festgenommen und in das Lager Buchenwald gebracht und am 12. Juli 1940 im Berliner Gefängnis Moabit wegen Hochverrats enthauptet (Stolperstein vor Haus Aegidistr. 169, Studia Śląskie, 1958, S. 211)

7. Pokrywka Marcin zginął w ob. konc.

8. Pokrywka Wilhelm zginął w więz.

Marcin und **Wilhelm Pokrywka** sind in Bottrop keine Stolpersteine gewidmet.

Bottrop -Opole 9. Michałek Wojciech zginął w ob. konc.

Wojciech Michałek (1897–1944), polnischer Aktivist in Deutschland, am 5. Juli 1897 in Bottrop als Sohn der Bergmannsfamilie Franciszek und Marianna Dzierżeng geboren, er war Sekretär und Schatzmeister des Polsko-Katolicke Towarzystwo Szkolne na Sląsk Opolski (Polnisch-katholischer Schulverein im Oppelner Schlesien), dann Gründer und Leiter der Hochschule für Lehrerbildung in Bytom (Beuthen/Oberschlesien) und ab 1930 Leiter des Vereins auf Kreisebene, er starb am 9. September 1944 im KZ Buchenwald. (Franciszek Hawranek. Michałek Wojciech (1897 1944), in: Polski Słownik Biograficzny, Bd. 20, Wrocław 1975, S. 629 f.)

Brambauer 10. Rura Stanisław zginął w ob. konc.

Stanislaus Rura, ein Bergmann in Lünen-Brambauer, geboren am 2. Mai 1876 in Szewce im Kreis Grätz (preußische Provinz Posen), wurde, nachdem er 1939 eine Brambauer Gaststätte mit den Worten „Noch ist Polen nicht verloren“, den Anfangszeilen der polnischen Nationalhymne, betreten hatte, bei der Gestapo angezeigt, am 2. Februar 1939 verhaftet und zur „Steinwache“ in Dortmund (Steinstr. 50) gebracht, danach in das Konzentrationslager Sachsenhausen und schlussendlich in das KZ Dachau, wo er am 28. Februar 1941 starb (Stolperstein vor Haus Karl-Haarmann-Straße 90).

Dortmund 11. Kaliszewski Damazy zginął w ob. konc.

12. Miedzyński Leon zginął w ob. konc.

13. Wieczorek Henryk rozstrzelany

Dortmund II 14. Kaliszewski Maksymilian zginął w ob. konc.

Dortmund-Eving 15. Namyslak Antoni zginął w ob. konc.

Das Dortmunder Adressbuch von 1938 nennt Damazy Kaliszewski, Maksymilian Kaliszewski und Henryk Wieczorek nicht, dafür „Miedzynski, Leo, Eicher, Güntherstr. 108“ und „Namyslak, Ant., Bergm., Evinger Str. 5“ (und einen Invaliden gleichen Namens, Jakobstr. 26). Ihnen sind in Dortmund keine Stolpersteine gewidmet.

Duisburg-Hochfeld 16. Gąszczakówna Marianna ścięta toporem

Marianna Gąszczakówna, Lehrerin an der polnischen Schule in Duisburg und Mitglied des polnischen Widerstands, am 28. Dezember 1914 als Tochter von Julian und Marianna Gąszczakówna, geb. Robert, einer Bergmannsfamilie in Duisburg, geboren, geköpft (Vgl. Jan Boenigk: Wyroki, Warszawa 1980, S. 76; Kronika Wielkopolski 1 (97), 2001, S. 150.)

Duisburg 17. Maćkowiakowa Hela ścięta toporem

Helena Maćkowiakowa, geb. Przybył, 36 Jahre, Näherin (Krawcówa), wurde gemeinsam mit Marianna Gąszczakówna vom Volksgerichtshof in Berlin 1943 zum Tode verurteilt und geköpft

Duisburg-Wanheimerort 18. Zajnart Edmund ścięty toporem

Edmund Zajnart, geköpft

Ihnen sind in Duisburg keine Stolpersteine gewidmet.

Erkenschwick-Bytom 19. Józefczak Antoni zginął w komorze gaz.

Antoni Józefczak, Lehrer, Landesverbandsvorsitzender des Bundes der Polen in Deutschland, geboren am 2. August 1883 in Zabrze-Biskupice (Hindenburg in Oberschlesien), wurde im Juli 1942 in das KZ Dachau verlegt (Lagernummer 30989), wo er am 13. Oktober 1942 nach Folter starb. Die frühere Langestraße in Bytom trägt heute seinen Namen: Ulica Józefczaka Antoniego – Antoni Józefczak hatte sich bei der Errichtung des polnischen Gymnasiums in Bytom verdient gemacht. (Piotr Świerc: Józefczak Antoni, in: Polski Słownik Biograficzny, Bd. 9, Wrocław 1965, S. 303; Jerzy Lubos: Dzieje Polskiego Gimnazjum w Bytomiu w świetle dokumentów i wspomnień, II wyd., Katowice 1971, S. 123 ff.)

Erkenschwick-Olsztyn 20. Włodarczak Leon rozstrzelany

Leon Włodarczak (1911–1940), Aktivist des Bundes der Polen in Deutschland, Leiter der landwirtschaftlichen Genossenschaft „Rolnik“ Einkauf- und Absatzverein, e. G. m. b. in Olsztyn/Allenstein, Kommandant der ostpreußischen Abteilung des Polnischen Pfadfinderverbandes in Deutschland, stammte aus der Region Malbork, zu Beginn des Krieges wurde er verhaftet. Er wurde ins Konzentrationslager nach Hohenbruch bei Königsberg gebracht und dort gemeinsam mit dem Lehrer und Pfadfinder-Aktivisten Jan Maza (1909–1940) und dem Journalisten Seweryn Pieniężny (1890–1940) am 24. Februar 1940 exekutiert. (Maria Zientara-Malewska: Warmio moja miła, Instytut Wydawniczy „Pax“, Warschau 1959, S. 72.)

Essen-Altenessen 21. Fasecki Ignacy zginął w ob. konc.

Ignacy Fasecki, geboren am 13. November 1902, im Konzentrationslager gestorben, ist in Essen kein Stolperstein gewidmet.

22. Wasielewski Michał zginął w więz.

Johann Wasielewski, geboren am 4. April 1896, verhaftet, ermordet am 13. April 1943 im Gefängnis Bochum (Stolperstein vor Haus Tiegelstr. 7)

Essen-Borbeck 23. Arczyński Wiktor ścięty toporem

Wiktor Arczyński, Mitglied des Bundes der Polen in Deutschland (1940), geköpft, ist in Essen kein Stolperstein gewidmet.

Essen-Kray 24. Krzyżaniak Stanisław zginął w ob. konc.

Stanisław Krzyżaniak, 1941 deportiert ins Arbeitslager Nr. 281 „Hoffnungsthal“ in Bergisch-Gladbach, wo er auch starb, ist in Essen kein Stolperstein gewidmet.

Essen-Schonnebeck 25. Aranowski Jan zginął w ob. konc.

Jan Aranowski, Bergmann, Essen-Schonnebeck, Kaldekircherstr. 122, geboren am 4. Januar 1896, am 29. März 1940 im Konzentrationslager gestorben, ist in Essen kein Stolperstein gewidmet. (Ernst Schmidt: Lichter in der Finsternis – Widerstand und Verfolgung in Essen, 1933–1945, Röderberg-Verlag, Frankfurt am Main 1980, S. 382.)

26. Józefowicz Wladyslaw zginął w ob. konc.

Wladyslaw Józefowicz, im Konzentrationslager gestorben, ist in Essen kein Stolperstein gewidmet.

Gelsenkirchen-Hüllen 27. Sójkowski Wojciech zginął w ob. konc.

Wojciech Sójkowski, im Konzentrationslager gestorben, ist in Gelsenkirchen kein Stolperstein gewidmet.

Gelsenkirchen-Racibórcz 28. Nawrocki Leon zginął w ob. konc.

Leon Nawrocki, in Gnesen (Gniezno) am 23. März 1889 geboren, 1926–1935 Vorsitzender der Związek Harcerstwa Polskiego w Niemczech (ZHPwN, Polnischer Pfadfinderverband in Deutschland), Direktor der Volksbank in Ratibor, im Konzentrationslager Buchenwald am 31. Dezember 1939 umgekommen, ist in Gelsenkirchen kein Stolperstein gewidmet.

Gelsenkirchen-Rotthausen 29. Hojnacki Michał zginął w ob. konc.

Michael Hojnacki sen., Aktivist des Bundes der Polen in Deutschland, geboren am 18. September 1881 in Trebisheim (Trzebisławki), sorgte als Schuhmacher mit einem kleinen Geschäft an der Steinfurthstraße 26 in Rotthausen für den Lebensunterhalt seiner Frau Agnes, geb. Brasse, und seiner sieben Kinder, stellte sich wenige Tage nach dem deutschen Überfall auf Polen mit einer Geige auf den Hof seines Hauses, spielte und sang die polnische Nationalhymne (Mazurek Dąbrowskiego): „Noch ist Polen nicht verloren (...)“, wurde von einem Nachbarn denunziert, verhaftet und in das Gefängnis Gelsenkirchen gebracht. Der Name des Denunzianten war bekannt, ihm geschah jedoch nach dem Krieg bis auf eine Tracht Prügel nichts. Vom Gelsenkirchener Gefängnis wurde Michael Hojnacki am 22. November 1939 in das KZ Sachsenhausen verbracht, dann 1940 in das KZ Neuengamme (Hamburg) und am 22. Juni 1940 in das KZ Dachau verlegt. Dort starb er am 15. Juli 1940 unter ungeklärten Umständen. Zeitgleich mit seinem Leidensweg befanden sich seine beiden Söhne als Soldaten im Zweiten Weltkrieg, der jüngste Sohn ertrank in einem U-Boot. (Text zum Stolperstein vor dem früheren Wohnplatz,
http://www.stolpersteine-gelsenkirchen.de/stolperstein_ michael_hojnacki.htm)

Gladbeck 30. Hasselberg Augustyn spalony w ob. konc.

Augustyn Hasselberg, Jahrgang 1909, Sohn des masurischen Aktivisten Augustyn Hasselberg (ca. 1880–1945, aus Kolonia (Grünwalde, Gemeinde Świętajno), Kreis Szczytno), Präsident des Zweigbüros des Bundes der Polen in Deutschland im westfälischen Gladbeck, Entlassung auf der Zeche, auf der er seit 1929 gearbeitet hatte, „wegen staatsfeindlicher Einstellung“ mit Kündigung zum 15. August 1933, am 27. Juni 1939 verhaftet, 1942 in einem Konzentrationslager in Berlin verbrannt, ist in Gladbeck kein Stolperstein gewidmet. Auch sein Bruder Józef kam im Lager ums Leben. (Oracki Tadeusz: Słownik biograficzny Warmii, Mazur i Powiśla od połowy XV w. do 1945 roku, Warszawa 1963, S. 109; „Entlassung wegen Betätigung für polnische Volkstumsinteressen (Fall Hasselberg, Gladbeck)“, in: Kulturwehr – Zeitschrift für Volkstumsfragen, Berlin 1934, S. 330 ff.)

	31. Kubiak	zginął w ob. konc.

Die Verfasser nennen keine(n) Vornamen. Der Ruhrpole **Kubiak** ist in einem Konzentrationslager gestorben, nähere Angaben und auch ein Stolperstein fehlen. Im „Journal officiel de la République française“ verlautet 1947 auf S. 119: „KUBIAK (Bruno), mineur, né le 20 mars 1912, de père polonais, à Gladbeck (Allemagne), et KOLATA (Heldegard), sa femme, née le 6 avril 1920, de père polonais, à Herne (Allemagne) demeurant à Condé-sur-Escaut (Nord).“ – übersetzt: KUBIAK (Bruno), Bergmann, geboren am 20. März 1912, polnischer Vater, Gladbeck, Deutschland, und KOLATA (Heldegard), seine Frau, geboren am 6. April 1920, polnischer Vater, in Herne, Deutschland, wohnhaft in Condé-sur-Escaut (Nord).

Günnigfeld-Bydgoszcz	32. Mikolajczak Czesław	zginął w ob. konc.

Czesław Mikołajczyk – Bydgoszcz (Bromberg), Mitglied der Untergrundorganisation Słaużba Zwycięstwu Polsce (Dienst für den Sieg Polens, SZP), starb 1945 im Konzentrationslager Sachsenhausen-Oranienburg. (Marian Walezak: Dzialalnosc oswiatowa i martyrologia nauczycielstwa polskiego pod okupacja hitlerowska 1939–1945, Zaklad Narodowy imienia Ossoliriskich and Wydawnietwo Polskiej Akademii Nauk, Wrocław und Warszawa: 1987, S. 38.)

Günnigfeld-Opole	33. Gozdek Heia	zgineła w komorze gaz.
	34. Łangowska Wanda	zgineła w komorze gaz.
Günnigfeld-Wrocław	35. Szczepaniakowa Józefa	zgineła w komorze gaz.

Helena Gozdek, Aktivistin des Bundes der Polen in Deutschland, eine ehemalige Schülerin des einzigen Gymnasiums für polnische Mädchen aus Deutschland in Tarnowskie Góry (Tarnowitz in Oberschlesien), geboren am 23. November 1921 in Wattenscheid, ihre Schwestern **Wanda** (1910–1943), Ehefrau des Chefredakteurs „Nowin Codziennych“ in Opole (Oppeln) Jan Łangowska, und **Józefa Szczepaniakowa** (1903–1943), Ehefrau des letzten Vorsitzenden des Bundes der Polen in Deutschland, Stefan Szczepaniak (1892–1964), und letzte Präsidentin der Polnischen Frauengesellschaft in Oppeln – sie gehörten der im Frühjahr 1940 in Wrocław (Breslau) gegründeten polnischen Untergrundgruppe „Olymp“ an, wurden allesamt nach Oświęcim-Brzezinka (Auschwitz-Birkenau) transportiert. Helena Gozdek war 21 Jahre alt, als sie am 27. Januar 1943 in der Gaskammer ermordet wurde. Józefa war zuvor am 22. Januar 1943 vergast worden, Wanda schließlich am 27. März 1943. (Miesięcznik literacki, 1975, S. 93; Ryszard Hajduk: Od „Nowin“ [„Nowiny“] do „Trybuny“; z notatnika opolskiego redaktora, Wydawn „Śląsk“, Katowice 1970, S. 162.)

Hamborn	36. Kempa Pawel	rozstrzelany

Pawel Kempa aus Duisburg-Hamborn wurde exekutiert. Weitere Informationen zur Person sind nicht bekannt.

	37. Szczepaniak Bronisław	zgineła w ob. konc.

Bronisław Szczepaniak, geboren ca. 1912, war 1937–1939 Bibliothekar in Herne, er starb 1940 im Konzentrationslager Sachsenhausen-Oranienburg. („Przegląd Biblioteczny“, 1981, S. 191.)

Hamborn-Marxloh	38. Guzenda	ścięty toporem

Die genaue Identität dieses Opfers der nationalsozialistischen Gewaltherrschaft (er oder sie wurde geköpft) ist nicht geklärt. Mindestens vier Personen gleichen Namens (zugleich als Deckname gebräuchlich) sind im Zeitraum 1939–1945 ums Leben gekommen. Nach dem

Zweiten Weltkrieg (1939–1945) lebte Gertrud Guzenda im Haus Alsumer Straße 303 in Duisburg-Hamborn.

Hamborn-Neumühl 39. Tomyślak Piotr zginął w ob. konc.

Piotr Tomyślak, geboren im September 1894, laut den spärlich vorliegenden Informationen vom 3. April 1931 ab Präsident des Bundes der Polen (ihm zur Seite als Sekretär Marcin Hadyniak), kam am 17. Mai 1943 im Konzentrationslager ums Leben. Seine Grabstätte befindet sich in Poznań (Posen), Cmentarz Komunalny nr 2 (Junikowo). (Henryk Chałupczak: Życie organizacyjne Polonii westfalsko-nadreńskiej w roku 1930 w świetle raportu konsula RP w Essen Bartłomieja Rusieckiego, in: Teki archiwalne, Wydawnictwo DiG, Warszawa 1996, S. 114.)

Hamburg-Wilhelmsburg 40. Rataj Józef zginął w ob. konc.

Józef Rataj, im Konzentrationslager gestorben, ist in Hamburg-Wilhelmsburg kein Stolperstein gewidmet.

Herne 41. Cyplikowa Maria zagineła

Maria Cyplikowa, geb. Lipoczak, gebürtig aus Posen, Metzgergattin aus Westfalen, wo sie 30 Jahre lang lebte, wird als ungewöhnliche Frau beschrieben. Trotz ihres langen Auslandsaufenthaltes sprach sie gut Polnisch ohne einen ausländischen Akzent. Im Frauen-KZ Ravensbrück weigerte sie sich, ihre Briefe auf Deutsch zu schreiben. Mutig habe sie der Oberaufseherin erklärt, dass eine Mutter zu ihren Kindern nur in der Muttersprache sprechen und schreiben könne. Maria Cyplikowa verschwand. (Najnowsze dzieje Polski. Materiały i studia z okresu II wojny światowej, Bd. 3, Warszawa 1959, S. 30.)

42. Jankowski Jan zginął w ob. konc.

Trotz der Warnungen von Bekannten und Freunden, alle Dokumente, die auf seine polnische Herkunft hindeuten könnten, sofort zu vernichten, blieb **Johann Jankowski** (1885–1940), Kassierer der Herner Ortsgruppe des Polenbundes, als aktives Mitglied des Bundes seinen Überzeugungen und seiner polnischen Herkunft treu. Da die Gestapo bei den Durchsuchungen des „Polnischen Hauses“ („Dom Polski“) auf der Bochumer Klosterstraße 6 (heute: Am Kortländer 6) – der damaligen Direktion des III. Bezirks des Bundes der Polen in Deutschland – anscheinend eindeutige Hinweise auf Jankowskis Aktivitäten gefunden hatte, wurde er Anfang September 1939 in „Schutzhaft” genommen und zunächst ins Bochumer Polizeigefängnis gebracht. Wie die meisten aktiven Mitglieder des Rodło wurde er dann unverzüglich in das Konzentrationslager Sachsenhausen überstellt. Dort am 28. September 1939 eingetroffen, wurde er als Häftling Nr. 2877 auf eine Sonderliste gesetzt. Bereits am 13. Januar 1940 starb Johann Jankowski laut Eintrag in den Häftlingsakten „an Körperschwäche“. (https://www.porta-polonica.de/de/atlas-der-erinnerungsorte/familie-jankowski-ruhrpolen-herne; Susanne Peters-Schildgen: „Schmelztiegel“ Ruhrgebiet – Die Geschichte der Zuwanderung am Beispiel Herne bis 1945, Stadt Herne und Kommunalverband Ruhrgebiet (Hrsg.), Klartext, Essen 1997, S. 292.)

43. Kwiatkowski Marian zginął w ob. konc.

Marian Kwiatkowski (1889–1940) gab von 1920 bis 1939 in Herne die Tageszeitung „Naród“ („Die Nation“) heraus. Er wurde im September 1939 verhaftet und 1940 im KZ Sachsenhausen ermordet. Sein Bruder Michał Kwiatkowski (1883–1966) hatte am 2. Oktober 1909 in Herne, Bahnhofstr. 60 bzw. (ab 1914) Bahnhofstr. 76/78, die polnische Zeitung „Narodowiec“ (Der Nationale, 1909–1921) gegründet, die im ersten Viertel des 20. Jahrhunderts neben dem „Wiarus Polski“ zu den wichtigsten polnischen Tageszeitungen im Revier zählte. Sie stand unter schärfster polizeilicher Beobachtung, da sie eine nationalpolnische und antideutsche Linie verfolgte. (Ryszard Hajduk und Stefan Popiolek: Encyklopedia, która się nie ukazala, Oprać, Katowice 1970, S. 245; Heinz-Joachim Barsickow: Politische Lager und Reichstagswahlen im Raum Herne vor dem Ersten Weltkrieg, Universitätsverlag Dr. N. Brockmeyer, Bochum 2004, S. 113.)

Herne-Bytom 44. Prof. Olejniczak Stan. zginął w ob. konc.

Stanisław Olejniczak (1905–1944) war Professor an der polnischen Mittelschule in Bytom und Pfadfinderaktivist. (Rocznik ziem zachodnich i północnych, Warszawa 1960, S. 89.)

Herne-Sodingen 45. Orpel Jan zginął w ob. konc.

Jan Orpel, Vorsitzender der Filiale des im November 1902 in Bochum gegründeten „Zjednoczenie Zawodowe Polskie“ (ZZP; Polnische Berufsvereinigung) in Sodingen sowie Gründer (1902) und langjähriger Vorsitzender des polnischen Gesangvereins „Zojja“ in Börnig, im Konzentrationslager gestorben, ist in Herne kein Stolperstein gewidmet. (Susanne Peters-Schildgen: „Schmelztiegel“ Ruhrgebiet – Die Geschichte der Zuwanderung am Beispiel Herne bis 1945, Stadt Herne und Kommunalverband Ruhrgebiet (Hrsg.), Essen 1997, S. 149.)

Kamen 46. Czerliński Jan zginął w ob. konc.

Jan Czerliński, im Konzentrationslager gestorben, ist in Kamen kein Stolperstein gewidmet.

Kamen-Bytom 47. Witczak Stanisław zginął w ob. konc.

Stanisław Witczak (1882–1944), Wielkopolan (Großpole), geboren am 4. März 1882 in Nowe Miasto nad Wartą, gehörte zu den herausragenden Gewerkschaftsaktivisten, Präsident der Bergmannsabteilung in Śląsk Opolski (Oppelner Schlesien), Aktivist der Polnischen Sozialistischen Partei (PPS) bzw. – neben Artur Aulich (1881–1962) und Ambroży Pordzik (1885–1963) – der Zjednoczenie Zawodowe Polskie (ZZP, Namensänderung in 1933) und Vorsitzender des Polnischen Pfadfindertums in Deutschland, wurde im September 1939 verhaftet und kam am 24. August 1944 im Konzentrationslager Buchenwald ums Leben. (Stätten des Kampfes und des Märtyrertums 1939–1945 – Jahre des Krieges in Polen. Guide, hrsg. vom Schutzrat für Kampf- und Märtyrerdenkmäler, Verlag „Sport i Turystyka“, Warszawa 1965, S. 102.)

Lünen 48. Jankowiak Morcin zginął w ob. konc.

Marcin Jankowiak ist im Konzentrationslager gestorben, über ihn ist nichts Näheres überliefert.

Moers	49. Christen Joanna	zamordowana
	50. Christen Willi	zamordowany
	51. Leis Teodora	zamordowana
	52. Leis Marianna	zamordowana
	53. Leis Józefa	zamordowany
	54. Leis Józef	zamordowany
	55. Leis Feliks	zamordowany

Unter Berufung auf das Terrorinstrument der „Sippenhaft“ wurden in Moers sieben Menschen, darunter zwei hochschwangere Frauen und die erst 2½-jährige Marianne Leiss, abgeholt und im KZ Sachsenhausen ermordet. Die Geschichte dazu:

Theodora Leiss, geb. Chwirot, wurde am 22. Januar 1917 geboren und heiratete 1939 Wenzeslaus „Wenzel“ Leiss. Wenzeslaus Leiss, in Moers geboren, hatte einen deutschen Pass und war seit dem 18. Juni 1942 Soldat an der Ostfront. Am 14. Dezember 1942 lief er als Panzergrenadier der 6. Deutschen Armee bei einem Angriff auf Stalingrad zur Roten Armee über. Die Krefelder Kriminalpolizei überwachte daraufhin seine Familie.

Am 2. Februar 1943 wurden die hochschwangere Theodora, ihre zweijährige Tochter Marianne (* 21. Juli 1940) sowie die Familie ihres Mannes (Mutter Josefa [* 1881], Brüder Felix [* 1914] und Josef [* 1916], Schwester Hanna [* 1920], ebenfalls hochschwanger, und deren Schweizer Mann Wilhelm Christen [* 1916]) verhaftet, in das KZ Sachsenhausen deportiert und dort zwei Tage nach ihrer Ankunft ohne ein richterliches Urteil ermordet.

„Die bisher getroffenen Feststellungen ergaben folgendes: Der Vorgenannte ist der Sohn des Bergmanns Franz Leiss, geb. am 17.7.1881 in Skaibotten, Kr. Allenstein, kath., R.D. verheiratet mit Josefa geb. Heyder, geb. am 22. 2. 1881 in Reklin."

Felix Leiss, Angestellter, geb. am 19. November 1914 in Moers, katholisch, Reichsdeutscher, war seit dem 21. Dezember 1939 in Rheinhausen verheiratet. „Er ist dort seit dem 28. 10. 1940 Hildegardstr. 17 wohnhaft. Vom 20. 10. 1935 bis zum 20. 5. 1938 stand er im Wehrdienst. Dann wurde er UK gestellt und ist z. Zt. bei der Firma Waggonfabrik A.G. in Uerdingen beschäftigt. In krimineller und politischer Hinsicht ist über ihn und dessen Ehefrau nichts Nachteiliges bekannt oder zu ermitteln. Dem vorgenannten polnischen Jugendverein haben diese nicht angehört."

Johanna Leiss, geb. am 29. April 1920 in Moers, katholisch, Reichsdeutsche, war seit dem 24. Dezember 1937 mit dem Schweizer Staatsangehörigen Wilhelm Christen, geboren am 15. August 1916 in Moers-Meerbeck, verheiratet. Beide kamen am 26. September 1939 nach Duisburg, Düsseldorfer Str. 126, zur polizeilichen Abmeldung. Nach einer Notiz des Meldeamtes in Moers waren sie am 11. März 1941 in Gera angekommen.

1949 kehrte Wenzeslaus Leiss aus sowjetischer Gefangenschaft zurück und kam zunächst bei der Mutter seines Schwagers unter. Er bestritt zu Lebzeiten ein Überlaufen, da er seine Familie nicht habe gefährden wollen. Er starb 1983, ohne zu erfahren, was wirklich mit seiner Familie geschehen war.

Elf Tage nach dem Tod von Theodora und Marianne Leiss sprach die Presse von einer „polnischen Verräterfamilie", während in der vollständig erhaltenen Gestapo-Akte steht, dass gegen die Familie Leiss „in krimineller und politischer Sicht […] nichts Nachteiliges bekannt oder zu ermitteln" gewesen sei:

„Die Sicherheitspolizei ist einer Verräterfamilie, die der polnischen Minderheit in Deutschland angehörte, auf die Spur gekommen und hat sie unschädlich gemacht.

Nachdem ein Sohn der polnischen Familie Leiss in Moers-Rheinland an der Ostfront zum Feind übergelaufen ist und weiteren, das Leben vieler deutscher Soldaten gefährdenden Verrat geübt hat, haben die angestellten polizeilichen Nachforschungen bei seinen Angehörigen ergeben, daß diese Familie seit Jahren kommunistische Zersetzungsarbeit betrieb und feindlichen Spionagezwecken dienstbar war. ... Über die Kinder Marianne Leiss, geb. am 21. 10. 1940 in Moers und Wilhelm Christen, geb. am 17. 1. 1938 in Moers ist keinerlei Auskunft zu erteilen. Das Vermögen des Felix Leiss ist seiner Witwe zu überlassen. Das Vermögen der Josefa L., des Josef, und der Theodora L. ist zu beschlagnahmen soweit es sich nicht bereits in Besitz der Verwandten befindet. Die Angehörigen der Exekutierten sind sorgfältig zu überwachen. (…)"

Bereits im Jahr 1947 wurde die ehemalige Eitelstraße in Moers-Meerbeck zur Erinnerung an das Schicksal der Familie in „Leissstraße" umbenannt.

Stolpersteine für Theodora und Marianne Leiss vor ihrem Haus Augustenstraße 2 und für Josefa und Josef Leiss vor Haus Ruhrstraße 76 in Moers erinnern an die an Brutalität kaum zu übertreffenden Verbrechen.

(Liste der Stolpersteine in Moers, Beschreibung, Wikipedia, Stand: August 2019; Der eine fällt, die anderen rücken nach... Dokumente des Widerstandes und der Verfolgung in Krefeld 1933–1945, Röderberg-Verlag, Frankfurt am Main 1973, S. 314; Robert Loeffel: Family Punishment in Nazi Germany: Sippenhaft, Terror and Myth, 2012, S. 205.)

Recklinghausen 56. Nowak Walenty zginął w ob. konc.

Walenty Nowak, am 4. Februar 1902 in Recklinghausen geboren und am 9. September 1942 im Konzentrationslager Auschwitz gestorben, ist in Recklinghausen kein Stolperstein gewidmet. (Zur Person: Irena Pająk: Mieszkańcy Śląska, Podbeskidzia, Zagłębia Dąbrowskiego w KL Auschwitz. Księga pamięci, Towarzystwo Opieki nad Oswiecimiem, Katowice 1998, S. 209.)

57. Olejnik Marcin zginął w ob. konc.

„In der Süder Pfarrei wurden zudem die Leiter des Rosenkranz – und des St. Michael-Vereins nach einem Erlass Himmlers ‚betr. Festnahme von Führern der polnischen Minderheit' vom 11.9.1939 verhaftet und mit 249 Vereinsvertretern aus dem Ruhrgebiet in Konzentrationslager eingeliefert. Während Stanislaus Quisiszewski nach einjähriger Haft frei kam, wurde **Martin Olejnik**, ein 58jähriger Berginvalide von der Ruhrstraße 35, am 23.12.1939 in einem KZ ermordet." (Buchprojekt „Wo du gehst und stehst – Stätten der Herrschaft, der Verfolgung und des Widerstandes in Recklinghausen (1933–1945)", Recklinghausen 2002, S. 42.)

Rheinhausen 58. Galusik Piotr zginął w ob. konc.

Piotr Galusik, geboren am 2. Juni 1914 in Rheinhausen, gestorben 1939 im Konzentrationslager Sachsenhausen, Lehrer an polnischen Schulen in Deutschland, ist in Rheinhausen kein Stolperstein gewidmet. Er war Mitarbeiter des dritten Bezirks des ZPwN (Westfalen und Rheinland) in Bochum. Seine Eltern waren auf der Suche nach Arbeit Ende des 19. Jahrhunderts ins Rheinland ausgewandert. Piotr Galusik arbeitete nach seinem Studium in Bytom im polnischen Bildungswesen im Ermland, er lehnte es ab, auf den deutschen Dienst umzusteigen. (Oracki Tadeusz: Słownik biograficzny Warmii, Mazur i Powiśla od połowy XV w. do 1945 roku, Warszawa 1963, S. 105.)

Wanne-Eickel zachód 59. Narożyński Marcin zginął w ob. konc.

Marcin Narożyński, im Konzentrationslager gestorben, ist in Wanne-Eickel (Westfalen) kein Stolperstein gewidmet. [Der Erzieher und Bildungsaktivist Władysław Narożyński (1904–1970) wurde am 4. Juni 1904 in Wanne-Eickel als Sohn von Marcin Narożyński seiner Frau, Antonina, geb. Karasiewicz, geboren. Er leitete polnische Chöre und Orchester in Gelsenkirchen-Hüllen und Wanne-Eickel.]

Wetter (Ruhr) 60. Orpel Piotr zginął w ob. konc.

Piotr Orpel ist im Konzentrationslager gestorben, über ihn ist nichts Näheres überliefert.

zginął w obozie koncentracyjnym - er starb in einem Konzentrationslager

zginęła w obozie koncentracyjnym - sie starb in einem Konzentrationslager

ścięty toporem - geköpft

straconych w więzieniu - im Gefängnis verschwunden

zginął w więzieniu - im Gefängnis gestorben

rozstrzelany - exekutiert

zginął w komorze gaz. - in der Gaskammer getötet

spalony w obozie koncentracyjnym - in einem Konzentrationslager verbrannt

zagineła - verschwunden

zamordowana - ermordet

Unter den Todesopfern waren einige Bibliothekare, die schon 1933 für das Gebiet Rheinland-Westfalens erfasst worden waren. Laut dem Historiker und Bibliothekar Dr. Antoni Knot (1904–1982) befanden sich 1933 insgesamt 47 mobile Bibliotheken in Westfalen und im Rheinland (außer in Köln): „Die Anordnung dieser Bibliotheken war wie folgt (in Klammern die Bibliothekare): 1. Ahlen, Sattelstr. 51 (Jan Sikora), 2. Bottrop, Bauerstr. 3 (St. Kubiak), 3. Bottrop, Kemperstr. 5 (Jan Machowski), 4. Bochum-Linden, Auf dem Pfade 41 (Filipowiak), 5. Bochum-Werne, Auf den Holln 54 (Jakub Ratajczak), 6. Bochum-Langendreer, Mansfelderstr. 46 (Walenty Malcherek), 7. Castrop-Rauxel 4, Österrichstr. 58 (St. Kazimierczak), 8. Castrop-Rauxel-Schwerin, Funkestr. 17 (W. Gbiorczyk), 9. Dortmund, Dürenerstr. 5. (Jan Kuchciński), 10. Dortmund, Richardstr. 7 (St. Nowicki), 11. Hamborn-Marxloh, Mathildenstr. 22 (I. Banaszak), 12. Duisbg-Meiderich, Kronprinzenstr. 65 (W. Tarnacki), 13. Duisbg.-Hamborn Otr., Overbruckstr. 47 (H. Lubrańska), 14. Düsseldorf, Querstr. 16 (Marcin Błoch), 15. Essen, Suderwichstr. 14 (Wojciech Kozłowski), 16. Essen-Schonnebeck, Portendieck 30 (Ignacy Kaczmarek), 17. Essen-Schonnebeck, Kaldekircherstr. 122 (Jan Aranowski), 18. Gels.-Bismarck, Hülsmannstr. 1 (B. Podlecki), 19. Gels.-Bauer, Wrangelstr. 15 (St. Migdałek), 20. Gels.-Blumke (sic!), Bornstr. 19 (F. Frąszczak), 21. Gels.-Hüllen, Germanenstr. 2 (W. Sojkowski), 22 Gels.-Rotthausen, Achternberg 8 (W. Nowak), 23. Herne, Bahnhofstr. 76/78 (A. Szczepaniak), 24. Herne-Sodingen, Freiheitstr. 73 (J. Wilczyński), 25. Kolonia (Apolonia Rokicka), 26. Lünen-Süd, Dernestr. 110 (St. Rais), 27. Ludwigshafen, Heinrichstr. 96 (J. Gladecki), 28. Mannheim-Waldhof, Oppauerstr. 9 (Józef Woźniak), 29. Mörs, O-Straße 15 m (Wacław Drzazgowski), 30. Mülheim-Styrum, Fröbelstr. 11 (Szczudliński), 31. Oberhausen, Brücktorstr. 98 (J. Ratajczak), 32. Oberhausen, Roonstr. 58 (J. Manikowski), 33. Oberhausen-Roonstr. 70 (G. Becker), 34. Osterfeld, Hoffnungstr. 14 (Ignacy Piaszczyński), 35. Recklinghausen S. II. Lipperstr. 38 (St. Skrzypczak), 36. Recklinghausen S II, Horst-Wesselstr. 26 (St. Otulak), 37. Recklinghausen S II, Heidestr. 46 (J. Kaczmarek), 38. Wanne-Eickel, Stockstr. 76 (W. Śmigajowa), 39. Wanne-Eickel III Rheinischerstr. 4 (K. Klich), 40. Wanne-Eickel IV, Industriestr. 11 (Ignacy Kurtek), 41. Recklinghausen (Fabiś), 42. G.-Buer-Hassel (Nadolny), 43. Oberhausen (Wechciński), 44. Recklinghausen (Posadny), 45. Bochum (nauczycielstwo [= Lehrer]), 46. Hamborn Ctr., Heinestr. 21 (Maciejewski), 47. Wanne-Eickel (Matuszczak).“[79]

Bezugnahmen:

Peter Oliver Loew: Wir Unsichtbaren: Geschichte der Polen in Deutschland, C.H. Beck, 2014

Marianne Krüger-Potratz, Dirk Jasper, Ferdinande Knabe: „Fremdsprachige Volksteile“ und deutsche Schule. Schulpolitik für die Kinder der autochthonen Minderheiten in der Weimarer Republik. Ein Quellen- und Arbeitsbuch, 1998

[79] Brief des polnischen Konsulats in Essen vom 21. Juni 1933, in: Antoni Knot. Roczniki biblioteczne (Bibliothekarische Jahrbücher), Państwowe Wydawnictwo Naukowe, Warszawa 1971, S. 136.

Anlagen:

Der Geograph und Kartograph Paul Langhans (1867–1952) zählte zu den Ersten, die sich mit den Zusammenhängen der Ost-West-Binnenwanderung befassten. Sein tiefgründiger Beitrag mit dem Titel „Deutsche Erde“ wurde 1900 im „Geographischen Anzeiger – Blätter für den geographischen Unterricht“ veröffentlicht.[80]

1. **Ruhrkohlenbezirk.** Die Polen im Rheinisch-westfälischen Steinkohlenbezirke. Mit einem statistischen Anhange, einer Sammlung polnischer Lieder und zwei Karten. Herausgegeben vom Gau „Ruhr und Lippe“ des Alld. Verbandes. München 1901, J. F. Lehmann. 3,60 *M.*

1875 erbaut: das Königliche Oberbergamt in Dortmund (Ansicht um 1920). Digitale Sammlung Blazek

Nach der Volkszählung von 3. Dez. 1861 wohnten im Rheinland 16 Polen, in Westfalen 0, nach der vom 1. Dez. 1890 allein im Reg.-Bez. Düsseldorf 4670 (abgesehen von den zweisprachigen). Die Erhebungen des kgl. Oberbergamtes in Dortmund vom 16. Dez. 1893 ergaben für seinen Bezirk 17 919 Bergleute polnischer Muttersprache oder (2,06 Angehörige auf einen fremdsprachlichen Arbeiter gerechnet) 54 830 Personen polnischer Sprache (gegen 1890 rund 30 000). 22% aller Bergarbeiter stammten aus dem Osten der Monarchie. Eine Ermittelung derselben Stelle vom 16. Dez. 1897 ergab 34 361 polnische Bergarbeiter (seit 1893 also eine Vermehrung um fast 92%!), d. h. polnisch sprechende Inländer. Das Prozentverhältnis letzterer zur Gesamtbelegschaft betrug 1897 im Durchschnitt aller 17 Bergreviere 18,02% (im Revier Obernkirchen bereits fast 42%). Eine Erhebung vom 1. Juli 1898, die wie die 1893er die aus dem Osten Zugewanderten zählte, ergab bereits 50 556 Bergleute (darunter ein nicht näher zu bestimmender Bruchteil D. sprechender), 1898 stammten daher 25,8% aller Bergarbeiter aus den vier östlichen Provinzen Preußens (ohne Niederschlesien); die Zahl aller Zugewanderten mit Frauen und Kindern (den Prozentsatz von 1893 auf 2,5 erhöht wegen der häufiger gewordenen Nachwanderung von polnischen Familien) betrug einschließlich der in anderen Industrieen Beschäftigten etwa 185 000. Die Erhebung (immer für den Oberbergamtsbezirk Dortmund) vom 31. Dez. 1899 endlich ergab 69 379 aus den östlichen Provinzen zugewanderte Bergarbeiter (40 % der Gesamtbelegschaft) oder (die Familien nach demselben Prozentsatz wie 1898 berechnet) unter Einschluss der anderen Industrieen mindestens 255 000 Köpfe und unter Abrechnung der angehei-

[80] Paul Langhans: „Deutsche Erde“, in: Geographischer Anzeiger – Blätter für den geographischen Unterricht, hrsg. von Justus Perthes in Gotha, 2. Jahrg./April 1901, Gotha 1901, S. 59.

rateten Deutschen (1893 waren 22% der Frauen fremdsprachlicher Arbeiter D.) und der gemischtehigen Kinder von deutscher Mutter (1893 2,37 auf eine d. Frau) rund 200 000. Der Zuzug aus dem Osten überwog den aus allen anderen Ländern 1898 um das 7-8fache. 1899 stammten von den fast 70 000 Zugewanderten aus den preußischen Ostprovinzen 18,0% aus Ost- und Westpreußen, 12,1% aus Posen, der Rest aus Schlesien. Die Hauptmasse der polnischen Zuwanderer findet Beschäftigung auf Zechen im nördlichen Teile des Industriebezirkes; die Belegschaft der alten Gruben im Ruhrthale und Umgebung ergänzt sich meist aus der eingesessenen Bevölkerung. Nach der neuen Reviereinteilung vom 1. Jan. 1900 sind von der Belegschaft des Reviers Gelsenkirchen 57,4, Recklinghausen-Ost 51,7, Recklinghausen-West 44,1, Wattenscheid 43, Ost-Essen 42,7, West-Essen 40%, in den östlichen Provinzen Geborene. Auf 19 Zechen (den sog. „Polenzechen“) sind die östlichen Zuzügler in der Mehrheit, die am stärksten mit Polen belegten sind Ewald (85), Pluto (74,7), Dannenbaum (71,9), Graf Bismarck (71), Prosper II (69,6%). Interessant ist das Zusammenströmen der Heimatsgenossen auf einzelnen Zechen. So beschäftigen z. B. die beiden Zechen Prosper 38,6% aller zugewanderten Oberschlesier, die Posener häufen sich u. a. auf König Ludwig, Friedrich d. Gr., Shamrock, die Ostpreußen bevorzugen u. a. Graf Bismarck II, Ewald, Rheinelbe, Zollverein. Die Eindeutschung (bes. der polnischen Katholiken) wird erst in einer Enkelgeneration erfolgen (kaum, wie S. 55 angenommen wird, in der), besonders da polnisch-nationale Agitation und römisch-katholische Kirche alles daran setzen, die Polen gesellig und wirtschaftlich zu organisieren und von den D. abzusondern.

Aber sie wird erfolgen und muss erfolgen im Interesse der Staatserhaltung, Voraussetzung dazu ist freilich die dauernde Ansiedelung der Zuwanderer. – Der statistische Anhang enthält eine Nachweisung der Ausländer, der polnisch sprechenden Inländer und der aus Russisch-Polen eingewanderten Bergarbeiter 1893 und 1897, eine Zusammenstellung der auf den Vereinszechen beschäftigten Bergarbeiter von 1898 und 1899, eine polnische Vereinsstatistik. Die beiden Kartogramme zeigen den Hundertanteil der auf den Bergwerken des Oberbergamtsbezirkes Dortmund beschäftigten polnischen (d. h. aus den polnischen Landesteilen stammenden) Arbeiter nach Bergrevieren und deren Dichtigkeit nach Kreisen (s. Alld. Atlas Nr. 3).

Die Polen in Rheinland-Westfalen

Karl Closterhalfen, Neuss, späterer Syndikus der Göttinger Handelskammer (1912–1922), befasste sich 1911 in einem seiner Beiträge mit der Entwicklung der slawisch-stämmigen Bevölkerung im Ruhrgebiet:[81]

Die Polen in Rheinland-Westfalen

Von K. Closterhalfen-Göttingen

Hunderttausende nicht deutschsprechender Bewohner hat in den letzten dreißig Jahren das niederrheinisch-westfälische Industriegebiet aufgenommen, davon die größere Hälfte im neuen Jahrhundert. Unter den Fremdsprachigen überwiegen die Polen; 1890 waren ihrer in Rheinland und Westfalen Dreißigtausend, heute sind es über eine Viertelmillion, die sich hauptsächlich in dem hochindustriellen Grenzgebiet der beiden Provinzen angesiedelt haben. Man zählte Polen (o h n e Masuren und Kassuben)

	1890	1900	1905	1910
Regierungsbezirk Arnsberg	18478	64283	86369	119130
" Münster	5415	26521	38657	62624
" Düsseldorf	4528	23220	43435	67211
Provinz Westfalen	24207	91497	125869	182507
" Rheinland	5635	25455	46936	71695
Rheinland-Westfalen	29842	116952	172805	254202

In bezug auf die absolute Zahl der Polen kam der Bezirk Amsberg 1890 hinter den östlichen Bezirken Oppeln, Posen, Marienwerder, Bromberg, Königsberg, Danzig, Gumbinnen und Breslau; Münster und Düsseldorf standen erst an 16. und 18. Stelle unter den 36 preußischen Regierungsbezirken. 1900 hatte Arnsberg bereits Gumbinnen und Breslau überholt, Münster und Düsseldorf folgten an 10. und 11. Stelle. Zehn Jahre später (inzwischen ist in Ostpreußen aus den vorwiegend polnischsprechenden Kreisen der Regierungsbezirke Königsberg und Gumbinnen der neue Bezirk Allenstein gebildet worden) steht Arnsberg nur noch hinter Oppeln, Posen, Bromberg und Marienwerder zurück; Düsseldorf und Münster nehmen die 8. und 9. Stelle ein. (...)

1900 wohnten von allen Polen Preußens fast 4 Proz. in den beiden westlichen Provinzen, 1905 kam derselbe Anteil schon auf Westfalen allein; 1905 wohnten in beiden Provinzen über 5 Proz., ein Anteil, der wiederum fünf Jahre später auf Westfalen allein entfiel.

[81] Geographischer Anzeiger, Blätter für den Geographischen Unterricht, Zeitschrift für Schulgeographie, Geographische Anstalt und Verlagsbuchhandlung Julius Perthes, Gotha 1912, S. 202–203. (Vgl. ders.: Die Polen in Rheinland-Westfalen, in: Dt. Erde, 10. Jahrgang, Gotha 1911, Nr. 5. S. 114–120.)

XXVII. Die Einwanderung von Polen und Masuren in Rheinland und Westfalen.

(Aus Franz Schulze, Die polnische Einwanderung im Ruhrrevier und ihre Wirkungen. Münchener Doktordissertation 1909.)[82]

[Der Beitrag ist tabellarisch eingeleitet worden mit diesen Spalten: Zeitpunkt der Zählung / In Rheinland und Westfalen wurden Personen mit polnischer Muttersprache gezählt / Gesamtbelegschaft / Unter diesen befanden sich: Bergleute aus den östlichen Provinzen / Bergleute mit polnischer Muttersprache / Prozentverhältnisse zwischen Spalte: 4 und 3 / 5 und 3 / Gesamtzahl der Zugewanderten nach Schätzung: überhaupt / darunter Polen. Die zugrundeliegenden Zählungen waren folgende: 3.XII.1861, 1.XII.1890, 16.XII.1893, 16.XII.1897, 1.VII.1898, 1.I.1900, 1.I.1901, 1.VII.1902, 1.VII. 1903, 1.VII.1904 und 1.VII.1905.]

Man spricht sogar von einer „Polenfrage im Ruhrkohlengebiet", und dieser Frage sind schon manche Zeitungsartikel und selbst Bücher gewidmet", so Julian Baltazar Marchlewski in seinem Buch „Zur Polenpolitik der Preußischen Regierung" (1957). Im besagten Buch des Staatsrechtlers und Politikers der Wirtschaftspartei Johann Victor Bredt (1879–1940), das diesen Titel trägt, wird das damals neueste Material zusammengetragen.[83] Die Buchvorstellung im Jahrbuch für Gesetzgebung, Verwaltung und Volkswirtschaft von 1910 (S. 391) fällt positiv aus:

Der Verfasser geht in seinen Ausführungen über die Polenfrage im Ruhrkohlengebiet von einer festen Basis, nämlich der Statistik aus. Er teilt uns zunächst aus der „Statistik der Muttersprache" mit, wieviel litauisch, polnisch, masurisch und kassubisch Sprechende sich in den Regierungsbezirken Düsseldorf, Arnsberg und Münster in den Jahren 1890, 1900 und 1905 befanden, fügt dem auch noch die Zahlen der in den genannten Regierungsbezirken befindlichen Russen und Österreicher hinzu und bringt dann eine, allerdings aus dem Jahre 1893 stammende Statistik über die Geburtsländer der Gesamtbelegschaft des Ruhrbezirks. Aus Ost- und Westpreußen stammten 13%, aus Posen und Schlesien je 6% der Gesamtbelegschaft. Neueren Datums, nämlich aus dem Jahre 1907 ist die Statistik des Allgemeinen Knappschaftsvereins über die Belegschaft in den 19 hierher gehörenden Bergrevieren. Aus dieser geht hervor, daß von den 311649 Bergleuten 40142 aus Posen, 12629 aus Westpreußen und 44743 aus Ostpreußen stammen. Auch eine Statistik über die Anhäufung der Polen in den einzelnen Zechen fehlt nicht, aus der hervorgeht, daß in einer großen Reihe von Zechen mehr als 50 ja sogar bis 70 und mehr Prozent Polen vorhanden sind. Während der Drucklegung von Bredts Werkchen erschien dann noch die Zeitschrift des Kgl. Preuß. Stat. Landesamts 1908, IV. (Schluß-)Abt., welche auf S. 251–274 die Arbeit von Brösicke: „Die Polen im Westen" bringt.

---

82 Franz Schulze: Die polnische Zuwanderung im Ruhrrevier und ihre Wirkungen, Inaugural-Dissertation zur Erlangung der Doktorwürde, der hohen Volkswirtschaftlichen Fakultät der Ludwig-Maximilians-Universität vorgelegt, München (ohne Jahr) 1909, Josefs Druckerei, Bigge 1909 (103 Seiten), tabellarische Darstellung in: Abhandlungen der Historischen Classe der Königlich Bayerischen Akademie der Wissenschaften, 1909, S. 39.

83 Johann Victor Bredt: Zur Polenfrage im Ruhrkohlengebiet – Eine wirtschaftspolitische Studie, Verlag von Duncker und Humblot, Leipzig 1909 (139 Seiten).

Johann Victor Bredt wurde am 2. März 1879 in Barmen bei Wuppertal als Sohn des Fabrikanten und Bankiers Viktor Bredt geboren, er studierte in Tübingen, Göttingen und Bonn. 1910 wurde er Professor des Staats-, Verwaltungs-, Völker- und Kirchenrechts in Marburg. Er schreibt, 1909:[84]

„Die für diese Studie außerordentlich wichtige Arbeit noch in vollem Umfange zu benutzen, ist unmöglich, es sei daher nur folgendes daraus angeführt:

Bei der letzten Volkszählung ist, abgesehen vom preußischen Osten, der Beruf und die soziale Stellung der Polen auch in denjenigen Kreisen ermittelt worden, in denen die Fremdsprachigen mehr als 10 v. H. der Kreisbevölkerung ausmachten. Unter diesen befinden sich acht Kreise, welche Polen, Masuren und Kassuben in größerer Anzahl beherbergen, und zwar Recklinghausen-Stadt 9390, Recklinghausen-Land 30 590, Dortmund-Land 20 088, Bochum-Land 19 720, Gelsenkirchen-Stadt 18 198, Gelsenkirchen-Land 18 921, Oberhausen-Stadt 4919 und Ruhrort 11.839."

Die Gutehoffnungshütte machte Oberhausen zur Wiege der Eisen- und Stahlproduktion im Ruhrgebiet. Ihre Wurzeln gehen auf die 1758 gegründete Eisenhütte „St. Antony" zurück. Postkarte mit den Hochofenanlagen (etwa 1913). Digitale Sammlung Blazek

[84] Bredt, wie oben, S. 19.

Schlussteil

Zeitungsnotizen und Stilblüten aus den letzten Jahren des 19. Jahrhunderts in der „Rhein- und Ruhrzeitung“

Ohne Anspruch auf Vollständigkeit.

Tüchtige Vertreter gesucht.
Aug. von Scheven,
Subdirektor in Crefeld, Kronprinzenstr. 193.
Vertreter für Duisburg:
Victor Röper, Haupt-Agentur, Düsseldorferstr. 79.
Berlinische Lebens-Versicherungs-Gesellschaft von 1836.
Friedrich Langen, Köln, Kaiser Wilhelmring 29,
Guter Gascoaks
pro h 80 Pfg. ab Lager zu haben bei der Gasanstalt Broich.
35000 Mark
Zwei möblirte Zimmer
Bettfedern
D. G. David, Duisburg, Beckstraße 42.
Bielefelder Dampf-Waschanstalt
Aug. Ernemann
76 Dorfstraße Duisburg-Düssern. Dorfstraße 76
Zwangs-Versteigerung.
Gasofen
Herrschaftliche Wohnung.
Parterre-Wohnung.
Schöne 1. und 2. Etage.
Größere und kleinere Etagen-Wohnungen
Gute Stelle
Wassersucht
Geschlechtsleiden und Hautkrankheiten:
Das Eckhaus
Eine herrsch. Wohnung.
Eine große herrschaftliche 1. Etage
Ein schönes Ladenlokal
Verkäuferin
Für 1. Mai ältere, erfahrene
Köchin
August Thyssen, Mülheim a. d. Ruhr,
Köchin
Fruchtpreise zu Mörs

August Thyssen, Mülheim a.d. Ruhr, sucht ältere, erfahrene Köchin. Rhein- und Ruhrzeitung, 15. Januar 1895, Mittags-Ausgabe, S. 3. Digitale Sammlung Blazek

Rhein- und Ruhrzeitung, Duisburg a. Rhein, Mülheim a. d. Ruhr, 48. Jahrgang, Donnerstag, 17. Januar 1895, Mittags-Ausgabe, S. 2:

* **Essen**, 15. Jan. [Verurteilt.] Unter Ausschluß der Öffentlichkeit wurde gegen den Redakteur der „Deutschen Berg- und Hüttenarbeiter-Zeitung“, Johann Margraf, und den Händler Meier aus Gelsenkirchen wegen Aufreizung zu Gewaltthätigkeiten durch die Presse verhandelt. Meier wird freigesprochen, Margraf dagegen zu vier Monaten Gefängnis verurteilt. Der Herr Staatsanwalt hatte, laut der „Ess. Volksztg.“, gegen Margraf 2 Jahre Gefängnis beantragt.

Rhein- und Ruhrzeitung, Duisburg a. Rhein, Mülheim a. d. Ruhr, 48. Jahrgang, Freitag, 18. Januar 1895, Mittags-Ausgabe, S. 2:

* **Dortmund**, 17. Jan. [Der Bergmann Joseph Wecker] aus Unna wurde wegen Verbrechens gegen das Dynamitgesetz zu 10 Jahren Zuchthaus verurteilt.

Rhein- und Ruhrzeitung, Duisburg a. Rhein, Mülheim a. d. Ruhr, 48. Jahrgang, Samstag, 19. Januar 1895, Mittags-Ausgabe, S. 2:

* **Dortmund**, 18. Jan. [Ein schreckliches Unglück] hat sich heute mittag auf Zeche „Westfalia“, alter Schacht, ereignet. Der Obersteiger Stern wollte aus dem Hauptförderschachte ausfahren. Hierbei hat der Förderkorb irgendwie Schaden erlitten, infolgedessen der unglückliche Beamte durch den Boden des Korbes in den Schachtsumpf stürzte. Selbstverständlich trat der Tod sofort ein.

Rhein- und Ruhrzeitung, Duisburg a. Rhein, Mülheim a. d. Ruhr, 48. Jahrgang, Donnerstag, 24. Januar 1895, Mittags-Ausgabe, S. 2:

* **Gelsenkirchen**, 23. Jan. [Ein schrecklicher Unglücksfall] ereignete sich auf Zeche „Konsolidation“ in dem Querschlage des 2. Schachtes. Dort entlud sich eine Mine früher, als man erwarten könnte, und das losgesprengte Gestein riß einem italienischen Arbeiter den Kopf vom Rumpfe.

Rhein- und Ruhrzeitung, Duisburg a. Rhein, Mülheim a. d. Ruhr, 48. Jahrgang, Donnerstag, 24. Januar 1895, Mittags-Ausgabe, S. 2:

* B u e r, 21. Januar. [Arbeiter=Entlassungen.] Auf der hier gelegenen Zeche „Hugo", deren Belegschaft auf den 3 Zechen 2500 Mann stark ist, sind 200 Arbeiter gekündigt und außerdem auch noch Feierschichten eingelegt.

Rhein- und Ruhrzeitung, Duisburg a. Rhein, Mülheim a. d. Ruhr, 48. Jahrgang, Freitag, 25. Januar 1895, Mittags-Ausgabe, S. 2:

* Homberg, 24. Jan. F u r c h t b a r e s   G r u b e n u n g l ü c k. Kaum war die Kunde von dem Unglück bekannt, das gestern Nachmittag dem Bergmann Michael Kersken aus Hochstraß im Schacht 1 der Zeche „Rheinpreußen" beim Niedergehen des Förderkorbes den jähen Tod brachte, als heute mittag die erschütternde Nachricht von einem neuen, weit schrecklicheren Zechenunglück sich verbreitete. Auf dem im Abteufen begriffenen Schacht 3 der Zeche „Rheinpreußen" fuhren heute morgen 10 Uhr 7 Bergleute in einem neuen Förderwagen zu Tage. Schon war die Ausfahrt fast beendet, als der Wagen umkippte und 5 von den 7 in die Tiefe stürzten. 2 der Arbeiter, welche sich unten im Wagen befanden, klammerten sich an und kamen so mit dem Leben davon. Die andern 5 Bergleute stürzten etwa 50 Meter in die Tiefe, woselbst sie mit zerschmettertem Schädel tot liegen blieben. Die Verunglückten sind sämtlich verheiratet und Versorger mehrerer Kinder. Ihre Namen sind: K a r l   D o c k h o r n aus A s b e r g (4 Kinder), J o h a n n   H e r k e n r a t h aus H o c h h e i d e (7 Kinder), B e r n h a r d   R ö t t e r s aus H o c h h e i d e (3 Kinder), J o h a n n   K ö h l e r aus H o c h h e i d e (4 Kinder) und J a k o b   B e c k e r aus R e p e l e n (8 Kinder). 6 Frauen mit zusammen 26 Kindern beweinen nun den Tod ihrer Ernährer. Der Jammer der so hart betroffenen Familien ist unbeschreiblich.

Steckbrief.

Gegen den Bergmann Johann Schikora zu Oberhausen, geboren den 29. August 1861 zu Radlin, Kreis Rybnik O/Schl., welcher sich verborgen hält ist die Untersuchungshaft wegen Diebstahlsverdachts verhängt.

Es wird ersucht, denselben zu verhaften und in das nächste Gerichtsgefängniß abzuliefern, welches um Nachricht zu den Akten D 239—94 ersucht wird.

Oberhausen, den 12. Januar 1895.
Königliches Amtsgericht.

Steckbrief.

Der Kesselflocher Joseph Piepers,

Bürgermeister-Amt Styrum.

Polizei-Verordnung,
betreffend Beleuchtung der Häuser (Treppen und Hausflure etc.)

Auf Grund der §§ 5, 6 und 15 des Gesetzes über die Polizei-Verwaltung vom 11. März 1850 wird hiermit für den Umfang der Bürgermeisterei Styrum — umfassend die Gemeinden Styrum Alstaden und Dümpten — nachstehende Polizei-Verordnung erlassen

§ 1.

Jedes bewohnte Gebäude ist in seinen, für die gemeinschaftlich Benutzung bestimmten Räumen, d. h. den Eingängen, Fluren, Treppen Korridors u. s. w. vom Eintritt der abendlichen Dunkelheit bis zu Schließung der Eingangsthüren, jedenfalls aber bis um 10 Uhr abend ausreichend zu beleuchten. Die Beleuchtung muß sich bis in da

Steckbrief: Gesucht wird Johann Schikora zu Oberhausen, geboren den 29. August 1861 zu Radlin, Kreis Rybnik/Oberschlesien. Rhein- und Ruhrzeitung, 28. Januar 1895, Mittags-Ausgabe. Digitale Sammlung Blazek

Rhein- und Ruhrzeitung, Duisburg a. Rhein, Mülheim a. d. Ruhr, 48. Jahrgang, Mittwoch, 30. Januar 1895, Mittags-Ausgabe, S. 3:

* M ü l h e i m   (R u h r), 29. Jan. Heute nachmittag verunglückte auf dem Schacht Carnal der Zeche „Ver. Sellerbeck" der 18jähr. Schlepper H. durch Absturz in dem Bremsschacht, wobei ihn der Tod sofort ereilte.

Rhein- und Ruhrzeitung, Duisburg a. Rhein, Mülheim a. d. Ruhr, 48. Jahrgang, Donnerstag, 31. Januar 1895, Abend-Ausgabe, S. 1:

* **Wattenscheid**, 30. Jan. [Jubiläum.] Wie wir hören, feiert Herr Bergwerksdirektor Berg=Assessor Duisberg von Zeche Holland am 1. März d. J. sein 25jähriges Jubiläum.

Rhein- und Ruhrzeitung, Duisburg a. Rhein, Mülheim a. d. Ruhr, 48. Jahrgang, Samstag, 2. Februar 1895, Mittags-Ausgabe, S. 2:

* Oberhausen, 2. Febr. Die „K. B." meldet von hier: „Auf Zeche „Konkordia" wurde 150 Bergleuten gekündigt; außerdem legt auch diese Zeche Feierschichten ein, gleich den übrigen."

Rhein- und Ruhrzeitung, Duisburg a. Rhein, Mülheim a. d. Ruhr, 48. Jahrgang, Samstag, 2. Februar 1895, Abend-Ausgabe, S. 2:

Industrie, Handel und Verkehr.

* **Essen**, 31. Jan. [**Westfälisches Kokssyndikat.**] Die Monatsversammlung der Mitglieder des Syndikats findet am Montag den 4. Februar, nachmittags 5 Uhr, im Gasthof Neubauer zu Bochum statt. Die Tagesordnung derselben umfaßt folgende Punkte: 1. Geschäftlicher Bericht. 2. Produktions-Einschränkung pro Februar. 3. Festsetzung des Beitrags pro Februar.

Rhein- und Ruhrzeitung, Duisburg a. Rhein, Mülheim a. d. Ruhr, 48. Jahrgang, Samstag, 2. Februar 1895, Abend-Ausgabe, S. 2:

* Oberhausen, 1. Febr. Vor kurzem berichteten wir über eine unweit des Walzwerks Oberhausen aus der Emscher gezogene Leiche eines Mannes. Die Persönlichkeit ist bereits festgestellt und zwar ist es die Leiche des beim Emscherbrückenbau in der Zeche „Prosper" beschäftigt gewesenen Arbeiters Gustav Kartschewsky aus Bocholt. Wie wir bereits berichteten, ist derselbe vor ungefähr 2 Monaten auf der Brücke ausgerutscht und in die Emscher gefallen. Der Verunglückte war verheiratet und Vater von zwei Kindern. Das jüngste Kind ist erst nach dem Tode des Vaters geboren.

Rhein- und Ruhrzeitung, Duisburg a. Rhein, Mülheim a. d. Ruhr, 48. Jahrgang, Mittwoch, 6. Februar 1895, Mittags-Ausgabe, S. 2:

* Mülheim/Ruhr, 6. Febr. Unter reger Teilnahme wurde heute nachmittag die irdische Hülle des verstorbenen Grubenverwalters a. D. J. Kellermann zur letzten Ruhestätte geleitet. Wie sehr der Verewigte es verstanden, sich die Liebe seiner Mitbürger zu erwerben, das bewies die zahlreiche Beteiligung an dem Leichenzug.

Rhein- und Ruhrzeitung, Duisburg a. Rhein, Mülheim a. d. Ruhr, 48. Jahrgang, Donnerstag, 7. Februar 1895, Mittags-Ausgabe, S. 2:

* Essen, 6. Februar. [Der Aufsichtsrat der Bergwerks=Aktiengesellschaft „Konsolidation"] in Schalke in Westfalen beschloß, die Verteilung von 8 Proz. wie bisher als Gewinn für das Jahr 1894 vorzuschlagen, nachdem reichliche Abschreibungen und Rücklagen vorgenommen wurden.

Rhein- und Ruhrzeitung, Duisburg a. Rhein, Mülheim a. d. Ruhr, 48. Jahrgang, Donnerstag, 7. Februar 1895, Abend-Ausgabe, S. 1:

* Witten, 6. Februar. [Betriebsstörung.] Die benachbarte große Zeche „Helene" scheint nun teilweise von demselben Unglück heimgesucht zu werden, wie die Zeche „Nachtigall", mit der sie früher verbunden war. Das Grubenwasser ist so mächtig geworden, daß die unteren Sohlen total ersoffen sind. Zwar ist der Versuch gemacht worden, die unterirdische Wasserhaltungsmaschine durch Taucherarbeit wieder flott zu machen, doch bis jetzt ohne Erfolg. Von der ca. 800 Mann starken Belegschaft sind, wie die „Barm. Ztg." berichtet, gestern mehrere Hundert entlassen worden, es sollen fernerhin, wie durch Anschlag bekannt gegeben wird, nur noch 250 Bergleute Beschäftigung haben. Die Zeche ist im Besitze der Dortmunder Bergbaugesellschaft, welche vor wenigen Jahren die vereinigten Zechen „Helene-Nachtigall" von dem damaligen Besitzer, Herrn Bäumer-Lünen, ankaufte. „Nachtigall" mußte ganz außer Betrieb gesetzt werden, „Helene" leidet jetzt unter schweren Betriebsstörungen, für die genannte Bergbaugesellschaft sind dieses gewiß große Schäden. Hart werden davon auch die Bergleute getroffen, die jetzt arbeitslos geworden sind.

Rhein- und Ruhrzeitung, Duisburg a. Rhein, Mülheim a. d. Ruhr, 48. Jahrgang, Freitag, 8. Februar 1895, Mittags-Ausgabe, S. 2:

* Essen, 7. Febr. [Der Aufsichtsrat des Essener Bergwerksvereins „König Wilhelm“] beschloß in der Hauptversammlung die Verteilung einer Dividende von 5 Proz. für die Aktien und 10 Proz. für die Vorzugsaktien (gegen 3 Proz. bezw. 8 Proz. für das Jahr 1893) vorzuschlagen.

Rhein- und Ruhrzeitung, Duisburg a. Rhein, Mülheim a. d. Ruhr, 48. Jahrgang, Samstag, 9. Februar 1895, Mittags-Ausgabe, S. 2:

* **Gelsenkirchen**, 7. Febr. [Den Erstickungstod] fand ein verheirateter Bergmann auf Zeche „Hibernia“.

Raschbinder—Giesscement
Cement-Werk Ruhrort.
Schiffer-Ball
Geldschränke
Nr. 77 Murias,
J. Neumanns Niederlage, Duisburg.
Ein Kohlfuchs,
um die Meisterschaft Duisburgs.
Restaurant Dannenhöfer, Duisburg.
Nur für kurze Zeit!
Das schwerste Ehepaar der Welt.
1102 Pfund schwer.
Grosses Concert
Duisburger Sportplatz.
Samstag von 2—9 Uhr:
Orchestrion-Concert.
Sonntag:
Großes Doppel-Concert,
verbunden mit
Wettlaufen
Große nordische Nacht.
Benefiz-Concert
im Lutherhaus zu Hochfeld,
Der Vorstand.
Die beste und billigste Seife für alle Haushaltungszwecke ist
C. Berenbruchs echte Spar-Kernseife.

Nur für kurze Zeit: „Das schwerste Ehepaar der Welt“ im Restaurant Dannenhöfer.
Rhein- und Ruhrzeitung, 9. Februar 1895, Mittags-Ausgabe, S. 4.
Digitale Sammlung Blazek

Rhein- und Ruhrzeitung, Duisburg a. Rhein, Mülheim a. d. Ruhr, 48. Jahrgang, Dienstag, 12. Februar 1895, Mittags-Ausgabe, S. 2:

* **Dortmund**, 12. Februar. [Anklage.] In der bekannten Angelegenheit betreffs der falschen Depesche über das Versaufen der Zeche „Gneisenau“ ist Anklage gegen den Kaufmann Hubert Trompete hier erhoben worden.

Rhein- und Ruhrzeitung, Duisburg a. Rhein, Mülheim a. d. Ruhr, 48. Jahrgang, Mittwoch, 13. Februar 1895, Mittags-Ausgabe, S. 3:

Ein Verwaltungsbeamter, 26 Jahre alt, in allen Zweigen der Bürgermeisterei-Verwaltung wohl erfahren, flotter Stenograph, sucht baldigst anderweite Stellung, am liebsten auf einem größeren Werke oder bei einer Zechen-Verwaltung. 1896
Aerditen u. N. Nr. 138 an die Geschäftsstellen d. Ztg. erbeten.

Rhein- und Ruhrzeitung, Duisburg a. Rhein, Mülheim a. d. Ruhr, 48. Jahrgang, Donnerstag, 14. Februar 1895, Mittags-Ausgabe, S. 2:

d. Mülheim (Ruhr), 13. Februar. Am Montag entstand in Mellinghhofen (sic!) zwischen mehreren Personen eine solche Keilerei, daß zwei dabei beteiligte Bergleute nicht unerhebliche Verletzungen am Kopfe davontrugen, so daß sie ärztliche Hilfe in Anspruch nehmen mußten.

Rhein- und Ruhrzeitung, Duisburg a. Rhein, Mülheim a. d. Ruhr, 48. Jahrgang, Donnerstag, 14. Februar 1895, Abend-Ausgabe, S. 2:

* **Bochum**, 12. Februar. (In einer von über tausend Personen besuchten Polenversammlung) wurde gestern eine Petition an den Landtag beschlossen, worin um die Einstellung von mindestens 50.000 M in den Etat zum Zwecke der polnischen Seelsorge in den westlichen Provinzen ersucht wird.

Rhein- und Ruhrzeitung, Duisburg a. Rhein, Mülheim a. d. Ruhr, 48. Jahrgang, Freitag, 15. Februar 1895, Mittags-Ausgabe, S. 2:

* Altenessen, 14. Februar. (Der Aufsichtsrat der Bergbau-Gesellschaft „Neu-Essen“) beschloß, der diesjährigen Hauptversammlung 30 Proz. Dividende (wie im Vorj.) vorzuschlagen.

Rhein- und Ruhrzeitung, Duisburg a. Rhein, Mülheim a. d. Ruhr, 48. Jahrgang, Freitag, 15. Februar 1895, Mittags-Ausgabe, S. 2:

* **Essen**, 14. Februar. (Auf der Zeche „Holland“ bei Wattenscheid) wurde einem Schachthauer von dem Förderkorbe der Kopf abgerissen. Der Kopf blieb auf dem aufgehenden Korbe liegen, der Rumpf stürzte in die Tiefe.

Rhein- und Ruhrzeitung, Duisburg a. Rhein, Mülheim a. d. Ruhr, 48. Jahrgang, Montag, 18. Februar 1895, Abend-Ausgabe, S. 2:

Steckbrief.

Gegen den Arbeiter Stanislaus Förster von hier, geb. 15. Oktober 1866 zu Hachdorf, Kreis Pleschen, welcher flüchtig ist, ist die Untersuchungshaft wegen Diebstahlsverdachts verhängt. Es wird ersucht, denselben zu verhaften und in das nächste Gerichtsgefängnis abzuführen, welches um Nachricht zu den Akten D 310–94 ersucht wird.

Oberhausen, den 4. Februar 1895.

Königliches Amtsgericht.

[Kreis Pleschen = Provinz Posen, Steckbrief in der Abend-Ausgabe vom 21. Februar 1895 durch das Amtsgericht Oberhausen als erledigt angegeben]

Rhein- und Ruhrzeitung, Duisburg a. Rhein, Mülheim a. d. Ruhr, 48. Jahrgang, Mittwoch, 20. Februar 1895, Mittags-Ausgabe, S. 2:

* **Essen**, 20. Februar. (Knappschafts-Inspektor Koch,) ein in bergmännischen Kreisen wohlbekannter Mann, ist heute im Alter von 71 Jahren gestorben. Vor 45 Jahren, als die Knappschaftskasse nur einige hundert Mitglieder hatte, kam der Verstorbene, wie die „Rh.-W. Ztg.“ berichtet, nach Essen, um die Verwaltung der Knappschaftsabteilung des Bergamtes Essen zu übernehmen. Nach Einführung der Selbstverwaltung im Jahre 1856 versah er die Geschäfte des Essen-Werdenschen Knappschaftsvereins bis 1890, in welchem Jahre er nach der Verschmelzung der Knappschaftsvereine Bochum-Essen-Mülheim in den Ruhestand trat. Bei seinem Austritt aus dem Amte zählte die Knappschaftskasse gegen 40000 Mitglieder. In Anerkennung seiner hervorragenden Dienste wurde ihm seitens des Knappschaftsvorstandes der Ehrentitel Knappschaftsrat verliehen. Geboren in Borgholzhausen in Westfalen, war der Verstorbene ein Mann, der sich aus eigener Kraft aus bescheidenen Verhältnissen zu einer angesehenen Stellung herausgearbeitet hatte.

Rhein- und Ruhrzeitung, Duisburg a. Rhein, Mülheim a. d. Ruhr, 48. Jahrgang, Donnerstag, 21. Februar 1895, Mittags-Ausgabe, S. 2:

* Essen, 20. Februar. (Rheinisch-Westfälisches Kohlen-Syndikat.) In der heutigen Beiratssitzung des Rheinisch-Westfälischen Kohlensyndikats wurde beschlossen, die nächste Zechenbesitzer-Versammlung in Verbindung mit der außerordentlichen General-Versammlung zum Abschluß des Vertrages mit dem Westfälischen Kokssyndikat am 11.

März hier abzuhalten. Nach Mitteilung des Vorstandes hat die Fördereinschränkung im Januar 11 Prozent betragen. Es ist das erstemal, daß sie mehr als beschlossen gewesen (10 Prozent), betragen hat.

Rhein- und Ruhrzeitung, Duisburg a. Rhein, Mülheim a. d. Ruhr, 48. Jahrgang, Donnerstag, 21. Februar 1895, Mittags-Ausgabe, S. 2:

* Essen, 20. Februar. (In der außerordentlichen Haupt-Versammlung der Zeche „Ewald",) in der 44 Gewerken mit 902 Kuren vertreten waren, wurde einstimmig die Anlage des dritten Schachtes beschlossen.

Rhein- und Ruhrzeitung, Duisburg a. Rhein, Mülheim a. d. Ruhr, 48. Jahrgang, Donnerstag, 21. Februar 1895, Abend-Ausgabe, S. 1:

* Dortmund, 20. Februar. (Herr Dr. Reismann-Grone,) Generalsekretär des Vereins für bergbauliche Interessen im Oberbergamtsbezirk Dortmund, legt am 1. Mai d. Ja. dieses Amt nieder und übernimmt als Teilhaber die gesamte geschäftliche und redaktionelle Leitung der „Rheinisch-Westfälischen Zeitung".

Rhein- und Ruhrzeitung, Duisburg a. Rhein, Mülheim a. d. Ruhr, 48. Jahrgang, Donnerstag, 21. Februar 1895, Abend-Ausgabe, S. 2:

d. Mülheim (Ruhr), 20. Febr. Der Bergmann S. wurde gestern verhaftet, weil er verdächtig ist, einem auf der Hingbergstraße wohnenden Bekannten eine silberne Cylinderuhr und einem andern Arbeiter 10 M. aus der Tasche gestohlen zu haben. – Die Frau, die in den letzten Tagen an mehreren Stellen unter Nennung eines falschen Namens ihre Armut klagte, um Gaben einzuheimsen, ist jetzt als eine auf dem Hagedorn wohnende, den Alkohol liebende Person ermittelt.

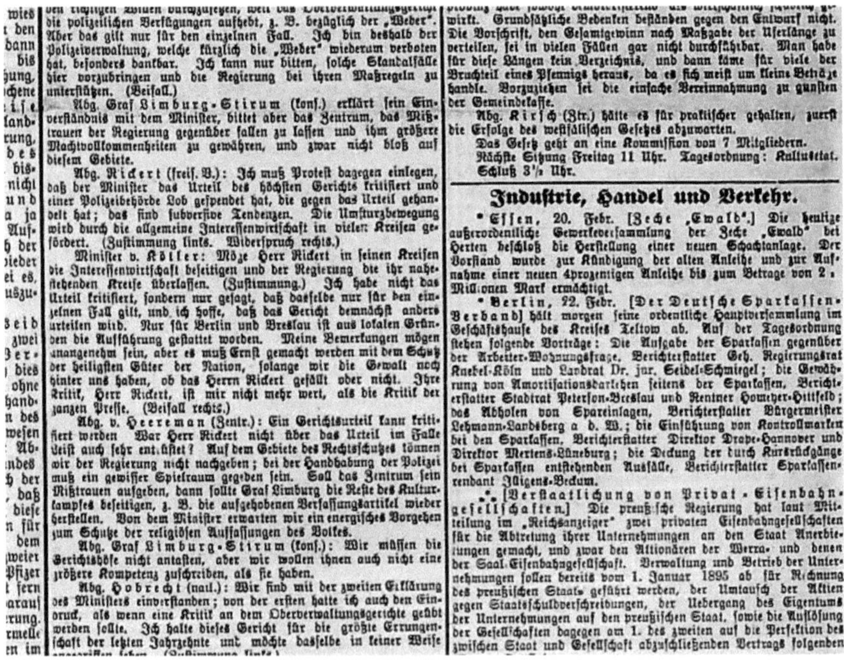

die polizeilichen Verfügungen aufhebt, z. B. bezüglich der „Weber". Aber das gilt nur für den einzelnen Fall. Ich bin deshalb der Polizeiverwaltung, welche kürzlich die „Weber" wiederum verboten hat, besonders dankbar. Ich kann nur bitten, solche Skandalfälle hier vorzubringen und die Regierung bei ihren Maßregeln zu unterstützen. (Beifall.)

Abg. Graf Limburg-Stirum (kons.) erklärt sein Einverständnis mit dem Minister, bittet aber das Zentrum, das Mißtrauen der Regierung gegenüber fallen zu lassen und ihm größere Machtvollkommenheiten zu gewähren, und zwar nicht bloß auf diesem Gebiete.

Abg. Rickert (freis. V.): Ich muß Protest dagegen einlegen, daß der Minister das Urteil des höchsten Gerichts kritisiert und einer Polizeibehörde Lob gespendet hat, die gegen das Urteil gehandelt hat; das sind subversive Tendenzen. Die Umsturzbewegung wird durch die allgemeine Interessenwirtschaft in vielen Kreisen gefördert. (Zustimmung links. Widerspruch rechts.)

Minister v. Köller: Möge Herr Rickert in seinen Kreisen die Interessenwirtschaft beseitigen und der Regierung die ihr nahestehenden Kreise überlassen. (Zustimmung.) Ich habe nicht das Urteil kritisiert, sondern nur gesagt, daß dasselbe nur für den einzelnen Fall gilt, und ich hoffe, daß das Gericht demnächst anders urteilen wird. Nur für Berlin und Breslau ist aus lokalen Gründen die Aufführung gestattet worden. Meine Bemerkungen mögen unangenehm sein, aber es muß Ernst gemacht werden mit dem Schutz der heiligsten Güter der Nation, solange wir die Gewalt noch hinter uns haben, ob das Herrn Rickert gefällt oder nicht. Ihre Kritik, Herr Rickert, ist mir nicht mehr wert, als die Kritik der ganzen Presse. (Beifall rechts.)

Abg. v. Heereman (Zentr.): Ein Gerichtsurteil kann kritisiert werden. War Herr Rickert nicht über das Urteil im Falle Leist auch sehr entrüstet? Auf dem Gebiete des Rechtsschutzes können wir der Regierung nicht nachgeben; bei der Handhabung der Polizei muß ein gewisser Spielraum gegeben sein. Soll das Zentrum sein Mißtrauen aufgeben, dann sollte Graf Limburg die Reste des Kulturkampfes beseitigen, z. B. die aufgehobenen Verfassungsartikel wieder herstellen. Von dem Minister erwarten wir ein energisches Vorgehen zum Schutze der religiösen Auffassungen des Volkes.

Abg. Graf Limburg-Stirum (kons.): Wir müssen die Gerichtshöfe nicht antasten, aber wir wollen ihnen auch nicht eine größere Kompetenz zuschreiben, als sie haben.

Abg. Hobrecht (natl.): Wir sind mit der zweiten Erklärung des Ministers einverstanden; von der ersten hatte ich auch den Eindruck, als wenn eine Kritik an dem Oberverwaltungsgerichte geübt werden sollte. Ich halte dieses Gericht für die größte Errungenschaft der letzten Jahrzehnte und möchte dasselbe in keiner Weise

wirkt. Grundsätzliche Bedenken beständen gegen den Entwurf nicht. Die Vorschrift, den Gesamtgewinn nach Maßgabe der Uferlänge zu verteilen, sei in vielen Fällen gar nicht durchführbar. Man habe für diese Längen kein Verzeichnis, und dann käme für viele der Bruchteil eines Pfennigs heraus, da es sich meist um kleine Beträge handle. Vorzuziehen sei die einfache Vereinnahmung zu gunsten der Gemeindekasse.

Abg. Kirsch (Ztr.) hätte es für praktischer gehalten, zuerst die Erfolge des westfälischen Gesetzes abzuwarten.

Das Gesetz geht an eine Kommission von 7 Mitgliedern.

Nächste Sitzung Freitag 11 Uhr. Tagesordnung: Kultusetat. Schluß 3½ Uhr.

Industrie, Handel und Verkehr.

* Essen, 20. Febr. [Zeche „Ewald".] Die heutige außerordentliche Gewerkeversammlung der Zeche „Ewald" bei Herten beschloß die Herstellung einer neuen Schachtanlage. Der Vorstand wurde zur Kündigung der alten Anleihe und zur Aufnahme einer neuen 4prozentigen Anleihe bis zum Betrage von 2 Millionen Mark ermächtigt.

* Berlin, 22. Febr. [Der Deutsche Sparkassen-Verband] hält morgen seine ordentliche Hauptversammlung im Geschäftshause des Kreises Teltow ab. Auf der Tagesordnung stehen folgende Vorträge: Die Aufgabe der Sparkassen gegenüber der Arbeiter-Wohnungsfrage, Berichterstatter Geh. Regierungsrat Knebel-Köln und Landrat Dr. jur. Seidel-Schmiegel; die Gewährung von Amortisationsdarlehen seitens der Sparkassen, Berichterstatter Stadtrat Peterson-Breslau und Rentner Homeyer-Hillfeld; das Abholen von Spareinlagen, Berichterstatter Bürgermeister Lehmann-Landsberg a. d. W.; die Einführung von Kontrollmarken bei den Sparkassen, Berichterstatter Direktor Drape-Hannover und Direktor Mertens-Lüneburg; die Deckung der durch Kursrückgänge bei Sparkassen entstehenden Ausfälle, Berichterstatter Sparkassenrendant Illigens-Beckum.

∴ [Verstaatlichung von Privat-Eisenbahngesellschaften.] Die preußische Regierung hat laut Mitteilung im „Reichsanzeiger" zwei privaten Eisenbahngesellschaften für die Abtretung ihrer Unternehmungen an den Staat Anerbietungen gemacht, und zwar den Aktionären der Werra- und denen der Saal-Eisenbahngesellschaft. Verwaltung und Betrieb der Unternehmungen sollen bereits vom 1. Januar 1895 ab für Rechnung des preußischen Staats geführt werden, der Umtausch der Aktien gegen Staatsschuldverschreibungen, der Uebergang des Eigentums der Unternehmungen auf den preußischen Staat, sowie die Auflösung der Gesellschaften dagegen am 1. des zweiten auf die Perfektion des zwischen Staat und Gesellschaft abzuschließenden Vertrags folgenden

* Essen, 20. Febr. [Zeche „Ewald".] Die heutige außerordentliche Gewerkeversammlung der Zeche „Ewald" beschloß die Herstellung einer neuen Schachtanlage. (…)" Rhein- und Ruhrzeitung, 22. Februar 1895, Abend-Ausgabe. Digitale Sammlung Blazek

Dem deutschen Bergmann

Hermann Kätelhön (1884–1940), der aus dem nordhessischen Ort Hofgeismar stammte, war ein Graphiker und Keramiker. Er schuf hauptsächlich Darstellungen aus dem Leben der Bergleute, Industriearbeiter und Bauern, darunter 1939 „Dem deutschen Bergmann“, eine Sammlung von neun Motiven.

Fotos (9): Digitale Sammlung Blazek

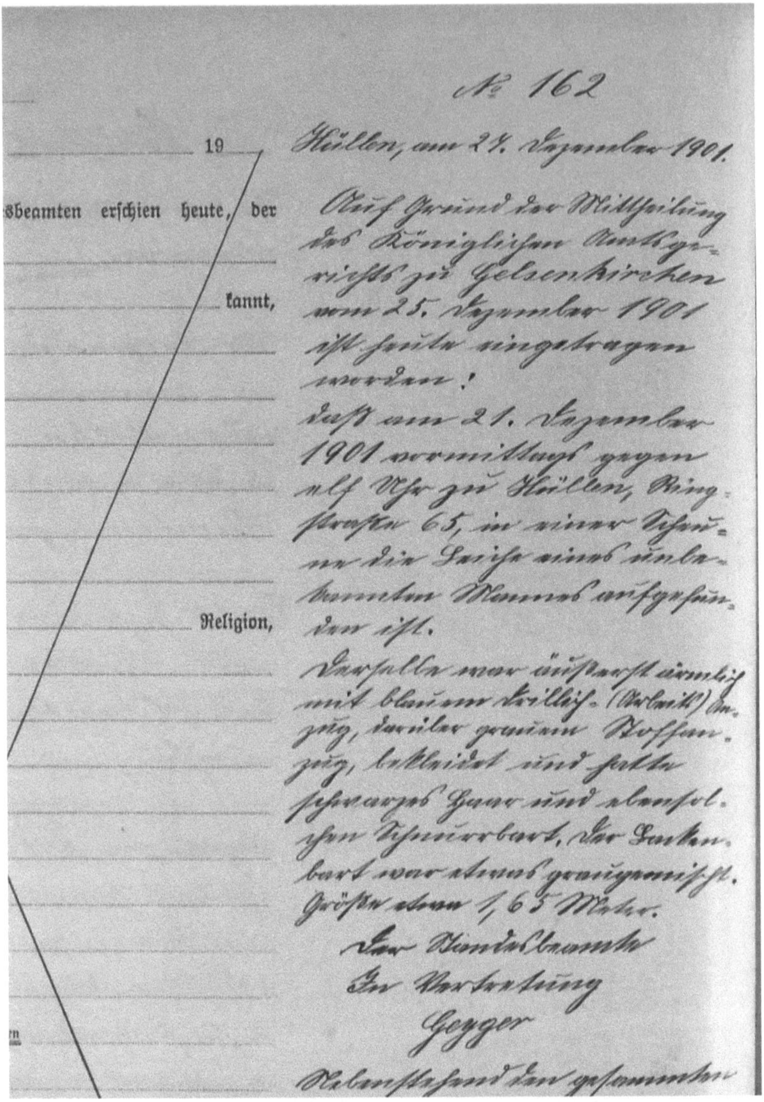

№ 162

19

...sbeamten erschien heute, der

kannt,

Religion,

Hüllen, am 24. Dezember 1901.

Auf Grund der Mittheilung des Königlichen Amtsgerichts zu Gelsenkirchen vom 25. Dezember 1901 ist heute eingetragen worden: daß am 21. Dezember 1901 vormittags gegen elf Uhr zu Hüllen, Ringstraße 65, in einer Scheune die Leiche eines unbekannten Mannes aufgefunden ist.

Derselbe war äußerst ärmlich mit blauem Drillich- ([illegible]) Anzug, darunter grauem Stoffanzug, bekleidet und hatte schwarzes Haar und ebensolchen Schnurrbart. Der Backenbart war etwas graugemischt. Größe etwa 1,65 Meter.

Der Standesbeamte
In Vertretung
Geyger

Vorstehend den gesammten ...

Auch das gab es leider: Am 21. Dezember 1901 wurde in einer Scheune an der Ringstraße in Hüllen die Leiche eines unbekannten Mannes gefunden. Aufgrund der Mitteilung des Königlichen Amtsgerichts zu Gelsenkirchen nahm der Standesbeamte Geyger die entsprechende Eintragung vor. Digitale Sammlung Blazek

Literatur:

Abeler, Georg: Schwierigkeiten der Familienforschung im Rheinisch-Westfälischen Industriegebiet, dargestellt am Beispiel Gelsenkirchen, in: Beiträge zur westfälischen Familienforschung, Band 9/1950, Heft 2–3, Münster/Westfalen 1950, S. 47–51

Archiv für Sozialgeschichte, Verlag Neue Gesellschaft, Bonn-Bad Godesberg 2006

Bade, Klaus J. (Hrsg.): Deutsche im Ausland – Fremde in Deutschland. Migration in Geschichte und Gegenwart, C. H. Beck Verlag, München 1992

Becker, Susanne: Die Ruhrpolen. Ein Beispiel historischer Migration in Deutschland – Ein kurzer Überblick, Seminararbeit, GRIN Verlag, München 2014

Blazek, Matthias: „Herr Staatsanwalt, das Urteil ist vollstreckt." Die Brüder Wilhelm und Friedrich Reindel: Scharfrichter im Dienste des Norddeutschen Bundes und Seiner Majestät 1843–1898, ibidem-Verlag, Stuttgart 2011

Böckenförde, Ernst-Wolfgang (Hrsg.): Moderne deutsche Verfassungsgeschichte (1815–1918), unter Mitarbeit von Rainer Wahl (= Neue Wissenschaftliche Bibliothek, Bd. 51: Geschichte), Köln 1972, S. 456

Bredt, Johann Victor: Zur Polenfrage im Ruhrkohlengebiet – Eine wirtschaftspolitische Studie, Verlag von Duncker und Humblot, Leipzig 1909 (139 Seiten)

Brepohl, Wilhelm: Der Aufbau des Ruhrvolkes im Zuge der Ost-West-Wanderung – Beiträge zur deutschen Sozialgeschichte des 19. und 20. Jahrhunderts, Bitter, Recklinghausen 1948

Burghardt, Werner: Namensänderungen slawischer Familiennamen im Ruhrgebiet, in: Festschrift für Karl Bischoff zum 70. Geburtstag, hrsg. von Günter Bellmann, Günter Eifler und Wolfgang Kleiber, Böhlau, Köln/Wien (19.5.) 1975

Chojnacki, Władysław: Wychodźcy mazurscy w zachodnich Niemczech (Masurische Auswanderer in Westdeutschland vor dem Ersten Weltkrieg), in: Przegląd Zachodni (Instytut Zachodni) Nr. 12, Poznań 1956, S. 310–339

Dahlmann, Dittmar u. a. (Hrsg.): Schimanski, Kuzorra und andere – Polnische Einwanderer im Ruhrgebiet zwischen Reichsgründung und Zweitem Weltkrieg, Essen 2005

Das Erfurter Programm in seinem grundsätzlichen Theil, erläutert von Karl Kautsky, 3. Aufl., Stuttgart, Verlag von J. H. W. Dietz, 1892

Förderverein Lokale Agenda 21 in Gelsenkirchen e.V. (Hrsg.): Der Schalker Verein: Arbeit und Leben in Bulmke-Hüllen, Gelsenkirchen 2008

Franke, Eberhard: Einbürgerungen und Namensänderungen im Ruhrgebiet, in: Westfälische Forschungen, 2. Bd., Münster 1939, S. 19–28

Frymann, Daniel: Wenn ich der Kaiser wär – Politische Wahrheiten und Notwendigkeiten, Dietrich'sche Verlagsbuchhandlung, Leipzig 1912

Gehrmann, Siegfried: Fußball, Vereine, Politik – Zur Sportgeschichte des Reviers 1900–1940, Reimar Hobbing Verlag, Essen (jetzt: Bouvier Verlag Bonn), Essen 1988

Geißler, Rainer; Pöttker, Horst: Massenmedien und die Integration ethnischer Minderheiten in Deutschland. Problemaufriss, Forschungsstand, Bibliographie, transcript, Bielefeld 2005

Grumach, Wilhelm: Die Lage der Landarbeiter in Westpreußen, in: Die Neue Zeit (= NZ) 27. Jahrgang/1909, S. 887–896 (http://library.fes.de/cgi-bin/nzpdf.pl?dok=190809b&f=873&l=904, letzter Aufruf: 09.02.2021)

Haida, Sylvia: Die Ruhrpolen – Nationale und konfessionelle Identität im Bewusstsein und im Alltag 1871–1918, Universitäts- und Landesbibliothek, Bonn 2012

Heberle, Rudolf; Meyer, Fritz W.: Die Großstädte im Strome der Binnenwanderung. Wirtschafts- und bevölkerungswissenschaftliche Untersuchungen über Wanderung und Mobilität in deutschen Städten, Hirzel, Leipzig 1937

Heckmann, Friedrich: Ethnische Minderheit, Volk und Nation, Stuttgart 1993

Herbert, Ulrich: Die »Ruhrpolen« – Integration oder nationale Subkultur, in ders.: Geschichte der Ausländerpolitik in Deutschland. Saisonarbeiter, Zwangsarbeiter, Gastarbeiter, Flüchtlinge. Beck Verlag, München 2001

Hoffmeister, Arno: Die wirtschaftl. Lage der Landarbeiter in Ostpreußen, Diss., Wittenberg-Halle 1909

Jüngst, Ernst: Festschrift zur Feier des fünfzigjährigen Bestehens des Vereins für die bergbaulichen Interessen im Oberbergamtsbezirk Dortmund in Essen 1858–1908/im Auftrage des Vereinsvorstandes bearb. von Ernst Jüngst, Verlag der Berg- und Hüttenmännischen Zeitschrift „Glückauf“, Essen 1908

Kift, Dagmar; Osses, Dietmar (Hrsg.): Polen – Ruhr. Zuwanderungen zwischen 1871 und heute, LWL-Industriemuseum – Westfälisches Landesmuseum für Industriekultur, Klartext Verlag, Essen 2007

Kleßmann, Christoph: Polnische Bergarbeiter im Ruhrgebiet 1870–1945: Soziale Integration und nationale Subkultur einer Minderheit in der deutschen Industriegesellschaft (= Kritische Studien zur Geschichtswissenschaft, Bd. 30), Vandenhoeck & Ruprecht, Göttingen 1978

Kleßmann, Christoph: Integration und Subkultur nationaler Minderheiten: das Beispiel der »Ruhrpolen« 1870–1939, in: Klaus J. Bade (Hrsg.): Auswanderer – Wanderarbeiter – Gastarbeiter. Bevölkerung, Arbeitsmarkt und Wanderung in Deutschland seit der Mitte des 19. Jahrhunderts, Bd. 2, Scripta Mercaturae Verlag, Ostfildern 1984, S. 303 f.

Klinisches Jahrbuch, im Auftrage des Königlich Preußischen Herrn Ministers der geistlichen, Unterrichts- und Medizinal-Angelegenheiten, Gustav Fischer, Jena 1904

Kossert, Andreas: Echte Söhne Preußens – Die polnischsprachigen Masuren in Westfalen und ihre Frömmigkeit, in: Westfälische Zeitschrift 155, 2005

Kroker, Evelyn; Farrenkopf, Michael: Grubenunglücke im deutschsprachigen Raum. Katalog der Bergwerke, Opfer, Ursachen und Quellen (= Veröffentlichungen aus dem Deutschen Bergbau-Museum Bochum, Nr. 71), Bochum 1998

Lampert, Heinz: Die Ursachen der sozialen Frage im 19. Jahrhundert (1980), in: Das Soziale in der sozialen Marktwirtschaft, hrsg. von Karl Hohmann, Horst Friedrich Wünsche, Gustav Fischer Verlag, Stuttgart/New York 1988, S. 47 ff.

Langhans, Paul: Deutsche Erde, in: Geographischer Anzeiger – Blätter für den geographischen Unterricht, hrsg. von Hermann Haack, Heinrich Fischer und Franz Heiderich, 1. Jahrg, Verlag von Julius Perthes, Gotha 1900

Lenz, Britta: „Gebürtige Polen" und „deutsche Jungs" – Polnischsprachige Zuwanderer im Ruhrgebietsfußball im Spiegel von deutscher und polnischer Presse der Zwischenkriegszeit. In: Blecking, Diethelm; Traba, Robert; Peiffer, Lorenz (Hrsg.): Vom Konflikt zur Konkurrenz – Deutsch-polnisch-ukrainische Fußballgeschichte, Verlag Die Werkstatt, Göttingen 2014

Mańkowski, Franciszek: Dzieje Związków Polskich (Geschichte der polnischen Gewerkschaften), in: Kalendarz Górniczy na Rok Pański 1913, Bochum 1913

McCook, Brian: The Borders of Integration – Polish Migrants in Germany and the United States, 1870–1924, Ohio University Press, Athens 2011

Menge, Heinz H.: Namensänderungen slawischer Familiennamen im Ruhrgebiet, in: Niederdeutsches Wort 40, Münster 2000, S. 119–132

Meyer, Jürgen: Krayer Geschichten, Sigrid Meyer, Essen 1992

Murzynowska, Krystyna: Die polnischen Erwerbsauswanderer im Ruhrgebiet während der Jahre 1880–1914 (= Veröffentlichungen der Forschungsstelle Ostmitteleuropa in Dortmund), Dortmund 1979

Neuloh, Otto: Soziale Innovation und sozialer Konflikt, Vandenhoeck & Ruprecht, Göttingen 1977

Oberschlesische Bergarbeiter 1871–1914 (Veröffentlichungen der Forschungsstelle Ostmitteleuropa an der Universität Dortmund, Reihe B, Bd. 49), Dortmund 1994

Peters-Schildgen, Susanne: „Schmelztiegel" Ruhrgebiet: Die Geschichte der Zuwanderung am Beispiel Herne bis 1945, Klartext, Essen 1997

Pohl, Ernst: Die Lohn- u. Wirtschaftsverhältnisse der Landarbeiter in Masuren in den letzten Jahrzehnten, Diss., Königsberg/Magdeburg 1908

v. Rosen, Hans Freiherr: Bilanz – Das deutsche Gut in Posen und Pommerellen, Selbstverlag, Hameln 1972

Schmidt, Hans-Theodor: Belegschaftsbildung im Ruhrgebiet im Zeichen der Industrialisierung, erläutert am Beispiel der Zechen Prosper I-III der Arenberg Bergbau GmbH in Bottrop (Westfalen), in: Tradition, Zeitschrift für Firmengeschichte und Unternehmerbiographie, 2. Jahrg., hrsg. von Wilhelm Treue, Baden-Baden 1957

Schulze, Franz: Die polnische Zuwanderung im Ruhrrevier und ihre Wirkungen, Inaugural-Dissertation zur Erlangung der Doktorwürde, der hohen Volkswirtschaftlichen Fakultät der Ludwig-Maximilians-Universität vorgelegt, München (ohne Jahr) 1909, Josefs Druckerei, Bigge 1909 (103 Seiten)

Seeberger, Bernd: Altern in der Migration – Gastarbeiter ohne Rückkehr, Kuratorium Deutsche Altershilfe, Köln 1998

Seraphim, Peter-Heinz: Das Zeitalter des Hochkapitalismus, in: Von der Frühzeit bis zum Ausbruch des II. Weltkrieges, 2. Aufl., Wiesbaden 1966, S. 162

Stefanski, Valentina-Maria: Zum Prozess der Emanzipation und Integration von Außenseitern. Polnische Arbeitsmigranten im Ruhrgebiet, 2. Aufl., Forschungsstelle Ostmitteleuropa an der Universität Dortmund, Dortmund 1991

Strotdrees, Gisbert: Westfalczycy: „Gastarbeiter zu Kaisers Zeiten" im Ruhrgebiet? Um die Geschichte der „Ruhrpolen" in Westfalen ranken sich viele Legenden, in: Jahrbuch Westfalen, Neue Folge, 71. Jahrg. 2017 (2016), S. 91–98, Münster 2016

Terkessidis, Mark: Migranten, Rotbuch, Leipzig 2000

Vonde, Detlef: „…dass der Mensch was lernen muss." – Bildungsgeschichte(n) aus dem Ruhrgebiet und dem Bergischen Land, BoD, Wuppertal 2012

Wachowiak, Stanislaus: Die Polen in Rheinland-Westfalen, Inaugural-Dissertation, Borna-Leipzig 1916

Wachowiak, Stanisław: Polacy w Nadreni i Westfalii, Poznań 1917, Die Polen in Rheinland-Westfalen, Robert Noske, Leipzig 1916

Wagner, Joachim: Politischer Terrorismus und Strafrecht im Deutschen Kaiserreich von 1871 (R. v. Deckers rechts- und sozialwissenschaftliche Abhandlungen; 10), Heidelberg 1981

Wajda, Kazimierz: Migracje ludności wiejskiej Pomorza wschodniego w latach 1850–1914 (Wanderungen der dörflichen Bevölkerung Ost- und Westpreußens in den Jahren 1850–1914), Zakład Narodowy im. Ossolińskich, Breslau–Warschau–Krakau 1969

Waschinski, Emil: Das kirchliche Bildungswesen in Ermland, Westpreußen und Posen vom Beginn der Reformation bis 1773 – Auf Grund zahlreicher Archivnachrichten. Bd. 1, 2, Verlag Ferdinand Hirt (Schriften der Baltischen Kommission zu Kiel, Bd. XIII, 1 u. 2.), Breslau 1928

Wehler, Hans-Ulrich: Die Polen im Ruhrgebiet bis 1918, in: Vierteljahrschrift für Sozial- und Wirtschaftsgeschichte 48, Franz Steiner GmbH, Wiesbaden 1961

Wehler, Hans-Ulrich: Sozioökonomie und Politik in der Geschichte des Kaiserreichs, in ders.: Krisenherde des Kaiserreichs 1871–1918. Studien zur deutschen Sozial- und Verfassungsgeschichte, Göttingen 1979

Internet:

Onlineportal „Porta Polonica": http://www.porta-polonica.de

Wiki der Herner Stadtgeschichte ist ein Projekt des Historischen Vereins Herne / Wanne-Eickel e. V.: https://wiki.hv-her-wan.de

Tobias Sauer: „Im Sog der Montanindustrie", 2015, https://www.g-geschichte.de/plus/im-sog-der-montanindustrie

Fremdsein, Vielfalt und Integration – Migration am Beispiel des Ruhrgebiets, Ernst Klett Verlag, Stuttgart, S. 74 ff., https://www.klett.de/sixcms/media.php/185/430105.pdf

jeweils letzter Aufruf: 09.02.2021

Ortsregister

I Ruhrgebiet

Ortsregister

II Preußische Ostgebiete

Personenregister

Sachregister

PRZEWODNIK KATOLICKI

Redaktor:
X. Stanisław Ciążyński
w Poznaniu.
Telefon Redakcji: 2919.

Pismo dla Rodzin, Bractw i Stowarzyszeń katolickich.

Bezpłatne dodatki tygodniowe: „SŁOWO BOŻE" i „OPIEKUN DZIATEK"; dwutygodniowy: „DOM RODZINNY".

Adres dla wszelkich przesyłek „Przewodnik Katolicki" Poznań — Posen, św. Marcin 69.
Telefon Biura ogłoszeń i Administracji: 3613.

Przedpłata kwartalna za „Przewodnik" na poczcie i w agencjach 1 markę, z odnoszeniem do domu 1,15 m. Wysyłany z ekspedycji pod opaską 1,65 m. „Przew. Kat." zapisany jest na poczcie jako „Przewodnik Katolicki" Posen. — Cena ogłoszeń 60 fen. od wiersza drobnego.

Nr. 49. | Poznań, dnia 8 grudnia 1918 roku. | Rok XXIV.

Hymn!

Godzina cudu nad Polską bije,
pierzcha od grobu wraża jej straż —
Polska od stu lat grzebana żyje, —
Ty sam ją dźwigasz, — o Boże nasz!
Nie traktat, kongres wolność nam dawa,
ni głos litości swobodzi nas;
jeno Duch Twego — wierzymy — prawa
wyniszcza w świecie niewoli czas!

Rozpaczą ojców krwawiło serce,
a zwątpień grzesznych wstrząsał niem prąd;
od nieszczęść losu — w dusznej rozterce —
chwiała się ufność w Twój świata rząd!
Dziś u Twojego klęczym ołtarza,
Ty dawną rozpacz przebaczysz nam, —
zmartwychwstałego dźwigniesz Łazarza,
szczęścia, pokoju otworzysz chram!

Nam nie podboje, ucisk słabego,
ani wojenny marzy się szał;
lecz dla obrony prawa Twojego
usypać chcemy niezłomny wał!
Sprawiedliwością odrodzić ziemię
i krzywdę złamać — będzie nasz trud,
aż ludzkie całe zaśpiewa plemię:
»Jeden Pan świata, więc jeden lud!«

Przyszłość my w Twojem składamy ręku,
jako ojcowie, — gdy grzmiący róg
wołał ich na bój, — my dziś bez lęku,
bo idzie z nami Ojciec i Bóg.
Tyś nas prowadził czasu wolności,
z Tobą niewoli przebyłim chrzest;
sławimy Ciebie pełni radości,
»Królem narodu Bóg był i jest!«

„Przewodnik Katolicki" (Katholischer Führer), die älteste soziale und religiöse Wochenzeitung in Polen, Titelseite der Ausgabe vom 8. Dezember 1918. Auf Initiative des Gnesen-Posener Erzbischofs Florian von Stablewski (1841–1906) erstellt, wurde das Blatt vom 17. Januar 1895 bis zum 3. September 1939 in der westpolnischen Universitätsstadt Poznań (Posen) und als Neuauflage am 8. Dezember 1956 herausgegeben. Digitale Sammlung Blazek

Danke!

Der Verfasser bedankt sich herzlich bei folgenden Personen für die Unterstützung:

Kathrin Abel, Filderstadt, Ahnenforscherin

Josefine Berndt, seit vielen Jahren unersätzliche Covergestalterin

Heike Biskup, Stadtarchiv Bottrop

Claire Duwenhögger, Institut für Stadtgeschichte, Wissenschaftspark, Gelsenkirchen

Dr. Sabine Eibl, Landesarchiv Nordrhein-Westfalen, Abteilung Rheinland

Jürgen Hagen, Stadtarchiv Herne

Günter Hagenau, Heimatkreisvertreter von Marienwerder

Dr. Christian Hillen, Stiftung Rheinisch-Westfälisches Wirtschaftsarchiv zu Köln

Jola Jankowski, Essen, Kirchenbuchexpertin

Irene Kleinert (Übersetzungen aus dem Protokollbuch von 1895)

Dennis Kleinert

Kopalnia „Murcki - Boże Dary“, Freundeskreis des Bergwerks Murcki/Boże Dary

Regina Kuhfuß, Standesamt Gelsenkirchen

Dietmar Osses, LWL-Industriemuseum Zeche Hannover,
Westfälisches Landesmuseum für Industriekultur, Bochum

Christian Plien, Lektor

Katarzyna Salski, Porta Polonica | Dokumentationsstelle zur Kultur und Geschichte der Polen in Deutschland, Bochum

Maria Schäpers, Deutsches Bergbau-Museum Bochum

Dietmar Schönfeld, Institut für Stadtgeschichte, Wissenschaftspark, Gelsenkirchen

Juliana Tadic, Institut für Stadtgeschichte, Wissenschaftspark, Gelsenkirchen

Dr. Christine Walther, Vereinsarchiv des FC Schalke 04

Reinhard Wenzel, Verein für Familienforschung in Ost- und Westpreußen e.V. (VFFOW)

Matthias Blazek

SCHARFRICHTER IN PREUSSEN UND IM DEUTSCHEN REICH 1866–1945

154 Seiten

€ 15,90, Paperback
ISBN 978-3-8382-0107-8

€ 10,99, e-book
ISBN 978-3-8382-6107-2

Die Scharfrichter in Preußen und im Deutschen Reich sind ein bislang von der Geschichtswissenschaft weitgehend ausgesparter Bereich. Nachkommen lassen sich allerorten recherchieren; lediglich die ganz prominenten Gestalten, die zum Tode verurteilte Menschen hinrichteten, scheinen, was die familiären Verhältnisse anbetrifft, nicht greifbar zu sein. Die weithin verbreitete Ansicht, Scharfrichter und ihre Familien hätten eine Außenseiterrolle gespielt, stellt sich bei näherer Betrachtung als nicht zutreffend heraus. Es erscheint vielmehr ein völlig neues Bild dieser Gruppe vermeintlicher gesellschaftlicher Außenseiter, die - wenigstens seit Beginn des 19. Jahrhunderts - sehr wohl Zugang zum bürgerlichen Leben hatte. Und während der Scharfrichter bis 1933 vorwiegend Mörder hinzurichten hatte, waren es ab dem Zeitpunkt der nationalsozialistischen Machtergreifung in immer weiter zunehmendem Umfang Menschen, die dem Regime bedrohlich schienen, Menschen, die in Zeiten von nationalsozialistischer Diktatur und staatlich vorgegebener Fremdenfeindlichkeit dennoch ihre Meinung sagten. Hier tauchen am Ende unvorstellbar hohe Zahlen von hingerichteten Personen auf, insbesondere in der Strafanstalt Berlin-Plötzensee. Vor den schieren Zahlen droht der Umstand zu verschwimmen, dass jeder einzelne hingerichtete Mensch Opfer der nationalsozialistischen Gewaltherrschaft wurde und seine staatlich angeordnete Ermordung mit einem tragischen persönlichen Schicksal verknüpft ist. Spätestens seit 1937 traten in Deutschland die meisten Scharfrichter als anonyme Personen auf, über deren Tätigkeit in der Öffentlichkeit nahezu nichts bekannt war. Nach außen hin waren sie Justizangestellte, ihre Gehilfen Justizhelfer. Selbst Decknamen wurden vergeben. Dieser Deckmantel der Anonymität hat zur Folge, dass nur wenig über ihr Leben und ihr grausames Wirken im Staatsdienst bekannt beziehungsweise überliefert ist. Lediglich der justizbehördliche Schriftverkehr liegt noch in den Landesarchiven und im Bundesarchiv Berlin vor. Selbst von den vollzogenen Hinrichtungen zeugen nur relativ selten Notizen in den Tageszeitungen. Die Scharfrichter wurden von den Nationalsozialisten stets genau instruiert, über ihre Arbeit „strengstes Stillschweigen" zu bewahren. Der Journalist Matthias Blazek, Jahrgang 1966, legt mit seinem jüngsten Werk erneut ein Buch zu einem bislang wenig im Augenschein der Öffentlichkeit stehenden Thema vor, das nichtsdestotrotz große Beachtung verdient hat. Die von ihm in mühevollen Detailrecherchen ausgegrabenen Fakten ergeben ein aufschlussreiches – und mitunter schockierendes – Bild der Scharfrichter in Preußen und im Deutschen Reich von 1866 bis 1945.